AF503792

BIBLIOTHÈQUE

DE FEU

M. le baron O. GRANDJEAN D'ALTEVILLE

Sous-inspecteur des Forêts.

VENTE

Le jeudi 24 avril et jours suivants

Rue des Bons-Enfants, 28

Salle Silvestre (au 1er étage)

Par le ministère de M. DELBERGUE-CORMONT, commissaire-priseur,
rue de Provence, 8,

Assisté de M. AUGUSTE AUBRY, libraire, rue Dauphine, 16.

BIBLIOTHÈQUE

GRANDJEAN D'ALTEVILLE

LA VENTE AURA LIEU

Le Jeudi 24 Avril et jours suivants,

à SEPT HEURES du soir

EN LA SALLE DES VENTES

Rue des Bons - Enfants, 28,

au premier étage.

Par le ministère de M⁰ **DELBERGUE-CORMONT**, commissaire-
priseur, rue de Provence, 8,

Exposition tous les jours de 1 heure à 3 heures.

CONDITIONS DE LA VENTE :

Les livres vendus devront être collationnés sur place, dans les
24 heures de l'adjudication. Passé ce délai, ou une fois sortis de la
salle de vente, ils ne seront repris pour aucune cause.

Les articles au-dessous de 12 francs ne seront admis à rapport
que dans les cas où ils seraient incomplets par enlèvement de feuillets
ou de portion de feuillet emportant du texte; ils ne seront pas repris
pour taches, mouillures, déchirures, piqûres ou autres défectuosités.

Les adjudicataires payeront, en sus des enchères,
5 centimes par franc.

N. B.—M. AUBRY, libraire, remplira les commissions des personnes
qui ne pourraient y assister.

Paris.— Imprimé chez Bonaventure et Ducessois, 55, quai des Augustins.

CATALOGUE

DES LIVRES

ESTAMPES ET AUTOGRAPHES

COMPOSANT LA BIBLIOTHÉQUE

DE FEU

M. LE BARON GRANDJEAN D'ALTEVILLE

Très-belle Collection de Livres de
CHASSE, VÉNERIE et **FAUCONNERIE.** Eaux et Forêts.
Agriculture, Jardinage et Arboriculture.
Estampes de Chasses. AUTOGRAPHES. Poëtes français, Couteurs.
MANUSCRITS.
Livres rares, curieux et singuliers, etc., etc.

PARIS

AUGUSTE AUBRY, LIBRAIRE, RUE DAUPHINE, 16.

1862

ORDRE DES VACATIONS.

PARMI les bibliothèques d'amateur dignes de fixer
l'attention des bibliophiles, il n'en est guère de plus
intéressante que celle d'un homme de goût dirigé dans
ses recherches par les exigences d'une étude favorite et
déterminée. Ce travailleur, savant déjà et pourtant em-
pressé de s'instruire encore, sait apporter à la poursuite
des livres utiles une persistance, je dirai plus, une passion, mais une passion judicieuse qui le distingue, par
la sévérité des choix, du commun des collectionneurs.

Ses livres, entre ses mains, sont des instruments précieux et non de vains objets de curiosité ou de vogue
passagère.

Les achète-t-il ; c'est pour les lire, et s'il les garde,
après examen, c'est qu'il y a trouvé soit un enseignement,
soit un plaisir.

Telle est la bibliothèque dont voici le catalogue.

M. le baron Grandjean d'Alteville, sous-inspecteur des Eaux et Forêts, est mort, à Alteville, le 24 octobre 1861, dans sa 42° année. Sorti jeune de l'École forestière de Nancy, il apportait, dans les honorables fonctions qu'il venait d'obtenir par son mérite, un amour profond de sa profession et le désir d'y consacrer tout entière sa haute intelligence.

A peine entré dans l'Administration des Eaux et Forêts, il conçut le projet, aussitôt exécuté, de compléter les études sommaires de l'école et d'approfondir les questions importantes de science et de législation qui se rattachent à cette vaste spécialité.

Cependant ses habitudes de famille, autant que les exigences impérieuses de ses fonctions, le tenaient éloigné des centres intellectuels où les recherches de cette nature peuvent trouver leur aliment. M. le baron Grandjean prit alors la résolution de consacrer une partie de sa fortune à former une bibliothèque complète des Eaux et Forêts, enrichie de toutes les divisions bibliographiques qui s'y rattachent : telles que l'histoire naturelle, les chasses et pêches, l'architecture rurale, l'agriculture, etc.

Guidé dans ses acquisitions par l'amour du beau, par un goût exquis promptement fortifié par le contact et l'usage des chefs-d'œuvre de la typographie, M. le baron Grandjean ne tarda pas à assaisonner les délices de la science du condiment si vif et si pénétrant de l'amour des

livres. Il se surprit à envier les belles éditions, les exemplaires de choix, les reliures magistrales, et finalement,
s'éprit à ce point de cette docte société dont il avait
animé sa solitude, qu'il en vint à prendre ses récréa-
tions dans le domaine même où s'accomplissaient les travaux sérieux, objets de ses veilles. Il recueillit, pour
charmer ses loisirs, une ample moisson des plus illustres
productions littéraires, et finit par grouper, autour du
fonds spécial de sa collection, assez de livres divers
pour former le cadre d'une bonne et belle bibliothèque
d'amateur. C'est ainsi, par exemple, que des manuscrits
aux précieuses miniatures du xv⁰ et du xvi⁰ siècle, des livres d'heures richement ornés, des éditions de Simon
Vostre, occupent, en tête du catalogue, la place ordi-
nairement réservée à la théologie.

Voici, pour donner une idée de l'ensemble de cette
belle collection, quelques renseignements sommaires qui
permettent d'apprécier d'un coup d'œil quel en est le ca-
ractère très-particulier. La jurisprudence comprend 133
numéros: tous les ouvrages qui composent cette division
ont rapport à l'objet principal des travaux de M. Grandjean. Depuis le livre des *Ordonnances royales sur le fait
des chasses,* Paris, Gilles Corrozet, 1554, ouvrage de
toute rareté, et la non moins rare *Loy salique,* de Guillaume Postel, Paris, 1552, jusqu'à la *Coutume générale
du marquisat d'Hattonchatel,* Nancy, 1788 (Capé), on
y trouve tous les traités difficiles à se procurer, touchant
l'administration des propriétés de l'État.

Les Eaux et Forêts proprement dites comptent 131 numéros, parmi lesquels il faut citer, à titre d'objet de haute curiosité, *l'État de la forêt de Cuise*, dite de *Compiègne*, ms. aux armes du Dauphin avec un envoi d'auteur à madame Marie-Adélaïde de France.

L'histoire naturelle et les sciences comprennent 352 numéros. On y remarque le *Mirouer de l'air*, d'Antoine Mizauld, 1548; le *Floriste françois*, par de la Chesnée, 1554; le curieux traité de botanique de Robin et de Duret; un traité des arbres de B. de Jussieu, 1735, enrichi de notes ms. de l'auteur, destinées à une nouvelle édition, et le magnifique *Opusculum de vaticiniis sibyllarum*, in-4, goth. de la dernière rareté, avec de splendides gravures sur bois.

Les Chasses et Pêches forment la partie la plus riche du catalogue; elle contient 350 numéros parmi lesquels on peut prendre au hasard : si l'on ne met pas à tout coup la main sur une rareté, on est du moins sûr d'avoir un bon livre. Voici le *Miroyr de Phebus*, des *Deduicts de la chasse*, in-4, goth., provenant de la vente Solar; la *Vénerie* de du Fouilloux, éditions de 1568, de 1616 et de 1640, accompagnées de traductions en allemand et en italien; *la Meutte et vénerie* de Jean de Ligneville, 1655, exemplaire de Solar vendu 430 fr. à sa vente; *la Vénerie royale de Rob. de Salnove*, éditions de 1655 et 1665; *la Chasse du loup*, de Clamorgan, 1566; *la Chasse au loup*, *du Dauphin*, 1695; *l'Origine et dignité* de la chasse, par J. M. Balestero, 1634; *le Chasseur circonspect*, de Jacob

Agricola, 1678, en allemand ; *la Fauconnerie*, de J. des Franchières, 1567, in-4 ; *le Miroir de fauconnerie*, de P. Harmont dit Mercure, 1635, in-8; *Trois livres des oiseaux de proie*, de F. S. de Carcano, 1585, en italien, très-rare ; le *Latham's Faulconry*, 1658, si rare en France et difficile à trouver, même en Angleterre.

Le rarissime *Meutte et vénerie* de Ligniville (on n'en connaît que quatre exemplaires) avait un double attrait pour M. le baron Grandjean ; ce livre avait vu le jour en Lorraine. Il s'était donc donné le plaisir de le rééditer et il avait confié à l'habile imprimeur Trenel, de Saint-Nicolas-du-Port, l'honorable mission de reproduire, page pour page, ce curieux monument cynégétique. Hélas ! la mort avait frappé l'aimable et savant bibliophile avant qu'il lui eût été donné de feuilleter d'une main émue l'exemplaire sur peau de vélin qu'il avait fait tirer pour son usage. Il nous reste à parler de la dernière partie du catalogue, consacrée aux Belles-lettres. M. le baron Grandjean s'était bien gardé de négliger ce charme incomparable de la vie intellectuelle. Certain ouvrage de littérature, dans sa bibliothèque, porte peut-être encore les traces de son séjour dans la gibecière du chasseur ou du naturaliste, alors que celui-ci se promettait d'égayer ses courses en forêt, par l'entretien de quelque poëte aimé. Il en avait à choisir, dans l'intimité de son cabinet : le *Roman de la Rose*, de 1538, in-8 gothiq. ; le *Dodechedron de Fortune*, livre singulier de Jean de Meun, 1615; les *Poésies galantes et amoureuses de ce temps*, recueillies

par cet esprit charmant et délicat qu'on appelait Saint-
Evremont ; puis enfin, tous ces aimables poëtes du
xvi⁰ et du xvii⁰ siècle qui forment le fonds ordinaire
d'une bonne bibliothèque.

Les reliures précieuses ne manquent pas non plus à
cette jolie collection ; les signatures de Gascon, de Pas-
deloup, Derome, Bozerian, Thouvenin, Simier, Lebrun,
Lesné, Bauzonnet, Koehler, Thompson, Capé, Duru,
Petit, David, Hardy, enrichissent la plupart des volumes,
comme aussi ces illustres armoiries qui, en constatant
la noblesse de la provenance, sont l'honneur du livre et
l'orgueil du bibliophile.

Tout ce qui se rapportait à l'objet de ses études de
prédilection intéressait M. Grandjean. Cet esprit inves-
tigateur et toujours ouvert n'ignorait pas les ressources
inattendues qu'offrent à la science les traits épars dans les
autographes des savants et des littérateurs, pour qui sait
en pénétrer le sens et le rattacher à l'ensemble des œuvres de leurs auteurs. M. Grandjean venait donc d'ébau-
cher une collection d'autographes. On remarque parmi
les 57 numéros qu'il avait déjà réunis des notes éminem-
ment intéressantes de Buffon, Cuvier, Geoffroy Saint-
Hilaire, Hassenfratz, Humboldt, Jussieu, Lacépède,
Lapérouse, Lamarck, Mirbel, Parmentier, du Petit-
Thouars, Sonnini, Thouin, etc. ; plus divers mémoires
sur les forêts de Fontainebleau et de Rambouillet, sur
l'approvisionnement des bois précieux, en cas de
guerre, etc.

En terminant cette notice, ajoutons encore un regret à ceux que nous avons exprimés. Les amis des livres perdent en la personne de M. le baron Grandjean d'Alteville un confrère éclairé et un concours utile. Il n'était pas de ceux, — dont le nombre est déjà trop grand, — qui collectionnent pour enfouir et dont le cabinet est un nouveau jardin des Hespérides dont ils ont seuls la clef. M. le baron Grandjean aimait les livres pour le parti qu'un esprit libéral et généreux en peut tirer. Il recherchait les raretés avec l'espoir de les rendre à la circulation par la réimpression. Ce qu'il a fait avec tant de tact et de soin pour la *Meutte et vénerie* de Ligniville, il se proposait de le faire successivement pour d'autres ouvrages inacessibles aux travailleurs.

C'est ainsi que les bibliophiles vraiment dignes de ce nom savent rendre aux livres, par un culte utile et intelligent, ce qu'ils en reçoivent en pures et fécondes jouissances.

A. A.

CATALOGUE

DE LA

BIBLIOTHÈQUE

DE FEU M. LE BARON

O. GRANDJEAN D'ALTEVILLE

S.-Inspecteur des Eaux-et-Forêts.

THÉOLOGIE.

ÉCRITURE SAINTE.—LITURGIE.—THÉOLOGIE MORALE ET MYSTIQUE.

1. Biblia sacra, pet. in-fol. goth., à 2 col., imprimé en 1471, rel. en vél.

Manque le premier feuillet et partie des derniers feuillets.

2. Pseaumes de David, trad. en françois (avec le texte). *Paris*, 1674, in-8, maroq. noir, tr. dor. *Front. gravé. (Lavé-réglé.)*

3. Psalmi, Proverbia, Ecclesiastes, Canticum cantico-rum, Sapientia, Ecclesiasticus. *Antverpiæ*, 1629, pet. in-12, maroq. rou. fil. compart. tr. dor. ciselées.

Reliure de Le Gascon, bien conservée.

4. Le pseautier distribué selon l'ordre des heures cano-niales, pour être récité chaque semaine. *Cologne*, 1684, in-12, mar. noir., dent., tr. dor. *Lavé-réglé. (Anc. rel. bien conservée.)*

5. Officium beatæ M. Virginis. In-16, mar. gr.

Manuscrit sur vélin du xiv⁰ siècle, lettres ornées en or et couleur.

6. PSAUMES DE LA VIERGE (*en allemand*). Pet. in-16, anc. rel., fermoirs.

Manuscrit sur papier, du xv⁰ siècle, d'une écriture à l'encre rouge et noire, lettres ornées en or et couleur.

7. LIVRE D'HEURES, in-8, reliure du XVIe siècle en veau, à pet. fers, coins et fermoirs en cuivre.

Manuscrit en gothique de la fin du XVe siècle, orné de neuf grandes miniatures, lettres ornées, encadrements et bordures.

8. CES PRÉSENTES HEURES A L'USAIGE DE PARIS au long sans require : *furent achevees lan mil cincq cens, le XXVe jour dapvril pour Symon Vostre (par Philippe Pigouchet)*. In-8, fig. et bord. sur bois, v. fau. comp. tr. dor. rel. du XVIe siècle.

19 grandes planches. Vies des Saints, de la Vierge et les histoires de Joseph et de Suzanne (dans les encadrements), les Vertus théologales, les XII Sibylles, les XV Signes et le Jugement dernier, la Dause des Morts en 147 figures.

Sur les plats de la reliure, on lit le nom de Guillemette Duflot.

Exemplaire Sauvageot.

9. LORDINAIRE DES CRESTIENS, pour François Regnault. (A la fin) : *Finist le livre nōme lordinaire des chrestiens nouvellement hystorie. Imprime a Paris par le Petit Laurens : pour Francoys Regnault libraire demourāt audit Paris en la rue saīt Jaques a lymaige Sainct Claude*. In-f. goth., *orné de plusieurs grandes planches gravées en bois.*

Très-bel exemplaire à toutes marges, d'un livre de toute rareté, non indiqué au Manuel de M. Brunet.

Imprimé vers 1500. (Le Petit Laurens imprima à Paris de 1491 à 1517.) Quelques piq. de vers.

10. Oratio dominicalis in CLV linguas versa et exoticis characteribus plerumque expressa. *Parmæ, typis Bodonianis,* 1806, gr. in-f., cart. n. r. *(Papier de Hollande.)*

Édition magnifique comme spécimen de typographie ; non mise dans le commerce, elle a été distribuée en cadeaux à des savants par le prince Eugène Napoléon, à qui elle a été dédiée et qui en avait acheté tous les exemplaires.

11. De Imitatione Christi libri quatuor. *Impressum Parisiis, cura Ed. Tross,* 1858, pet. in-64, mar. n., tr. dor. (dans un étui).

12. L'Imitation de Jésus-Christ, trad. par Michel de Marillac, éd. nouvelle, revue par M. de Sacy. *Paris, Techener,* 1860, in-12, d.-rel. v. fauve, n. r. (Petit.)

15. Examen de conscience pour soy congnoistre a bien se confesser. Compose par maistre Jehan Quentin, penitencier de Paris. In-8, goth. de 8 ff. sur *vélin*, cart.

Extrait d'un livre d'heures, à l'usage de Paris, imprimé en 1508, par Jehan Barbier.

14. Liber meditationum ac orōm devotarum qui anthidotarius anime dicitur. In-8, goth. à 2 col., bordures en bois, anc. rel. à fermoirs.

Imprimé à Strasbourg en 1494.

15. Les doctes et sainctes paraphrases sur les épistres de saint Paul aux Romains, Galates et Hebreux par cy devant non veues ny mises en lumière, par M. Jean Fr. Virgin Bressan, nouvelle trad. d'italien en françois. *S. l.*, 1555, pet. in-12, maroq. vert. tr. dor. (*Niédrée.*)

16. Petit Carême de Massillon, évêque de Clermont. *Paris, Didot, 1812*, in-12, veau fau., fil., tr. dor.

De la coll. des meilleurs ouv. de la langue française, dédiés aux amateurs de l'art typographique. (Papier fin.)

17. Conciliorum quatuor generalium.... *Parisiis, apud Franciscum Regnault,* 1535, 2 vol., in-8, goth., à 2 col., v. gr.

18. Incipiunt (*sive Incipuint*) capitula sūme, seu operis de virtutibus... In-f. goth., rel. du temps en vélin, gaufré.

Imprimé vers 1470, livre de toute rareté, en parfait état de conservation.

19. Opus eruditiss. Divi Irenæi in V libros digestum in quibus... retegit— et confutat veterum hereseon impias... Erasmi Roterodami. *Parisiis, Audoinum Parvum,* 1567, in-8, v. br. (*Armoiries sur les plats.*)

20. Incipiunt hystorie parve de historiis majoribus abstracte... Gros in-4, dans sa reliure du temps, en bois, recouvert en peau, avec clous en cuivre.

Manuscrit du xve siècle, sur papier, bonne écriture.

Ce volume faisait partie de la bibliothèque du couvent de Saint-Mathias, hors des murs de Trèves, et était principalement destiné à l'usage du curé de Gilmar. Il contient :

1° Le décret du concile de Bâle, du 17 septembre 1439, sanctionnant le dogme de l'Immaculée Conception. (V. ce décret chez *Mansi*, XXIX, p. 183.)

2° *Incipiunt hystorie parve de hystoriis majoribus abstracte.* Extrait de la *Historia scholastica* de Pierre Comesson, fol. 1 à 87.

3° *Tabula metrice docens breviter commendare memorie contenta in Biblia et numerum capitulorum,* fol. 88-96 ; espèce de vers mnémoniques, composés de mots sans suite et sans liaison, dont chacun doit indiquer le principal contenu d'un chapitre de la Bible, depuis la Genèse jusqu'à l'Apocalyse.

4° Un certain nombre de sermons latins, prononcés dans un couvent, scolastiques, remplis de citations de Pères, etc., sans intérêt et sans élévation ; fol. 96 b.-116.

5° Une collection d'extraits divers sur des animaux, des vertus, des vices, etc ; il s'y trouve çà et là des anecdotes et des traits de mœurs assez curieux ; fol. 447 et suivants.

Ces extraits, suivant la note ajoutée à la fin, furent faits et terminés le 16 janvier 1434, par *Chrétien Derfelden* ; le même a écrit presque tout ce qui précède.

6° A la suite sont ajoutés quelques autres extraits du même genre et quelques sermons, écrits d'une autre main.

Cette analyse est de M. le professeur Schmidt, de Strasbourg.
Je la reconnais à l'écriture.   J. L.

21. Théologie des insectes, ou démonstration des perfections de Dieu, dans tout ce qui concerne les insectes, trad. de l'allemand de Lesser, avec des remarques de P. Lyonnet. *La Haye,* 1742, 2 tom. en 1 vol. in-8, dem.-rel. v. bleu.

22. P. Danielis Huetii demonstratio evangelica, acc. autoris de tractatus paradiso terrestri. *Lipsiæ,* 1694, in-4, anc. rel. maroq. (*Aux armes.*)

23. Le dévot consultant ou adresse familière pour tirer profit des conférences spirituelles. Très-utile aussi pour ceux qui entreprennent la conduite particulière des âmes. Composé par M. P. Guérin. *Paris,* 1641, in-8, maroq., fil., compart., tr. dor. (*Duseuil*).

24. Traité des attributions des cardinaux légats, composé en 1540 et dédié à Claude Martin, cardinal de Lorraine, etc. In-12, rel.

Manuscrit en latin.

JURISPRUDENCE.

DROIT FÉODAL.—DROIT SEIGNEURIAL, ORDONNANCES ROYALES, COUTUMES, ETC.

24. *bis.* Les loix, statutz et ordonnances du royaulme de France, touchant le fait et administration de la justice, mises et rédigées par tiltres et rubrices pour plus facilement trouver les matières sur chacun article, avec les ordonnances du Roy Françoys et plusieurs autres. Imprimées à Paris, en lan mil cinq cens et vingt après Pasques. *Imprimées à Paris, pour Galliot Du Pré, libraire.*

Exemplaire en parfait état et grand de marges, de ce livre rare, sauf quelques légers racc. au bord des feuillets dans une petite partie du livre.

Impression en gothique très-soignée.

25. Les edicts et ordonnances des Roys de France ; depuis l'an 1226, jusques à present : ensemble les arrestz des cours souveraines sur la verification . ... d'icelles, avec annotat. de P. Rebuffi. *A Lyon, a la Salemandre, en rue Merciere*, 1571, in-fol. v. gr.

26. Ordonnances du roy Charles IX, faictes par S. M., en sa ville de Molins en l'assemblée des Estats l'an 1566, adnotées par M. Pardoux du Prat. *Lyon*, 1572, in-8, dem.-rel. mar.

27. Le code du Roy Henry III, roy de France et de Pologne, redigé en ordre par Messire Barnabé Brisson, augmenté des édicts du Roy Henry IIII...... observat. annot., par Charondas le Caron. *Paris, Iamet Mettayer*, 1601, in-fol., v.

28. Codes des seigneurs hauts justiciers et féodaux, par Henriquez. *Senlis*, 1764, in-12, v. mar.

29. Traité des grueries seigneuriales, ou commentaire sur la déclaration du roi du 8 janvier 1745, par J. Henriquez. *Paris*, 1786, in-12, v. mar.

30. La pratique universelle, pour la rénovation des ter-

riers et des droits seigneuriaux, cont. les questions les plus importantes sur cette matière, etc. ; par E. de la Poix de Freminville. *Paris*, 1762-77, 5 vol. in-4, v. m.

31. De l'usage des fiefs et autres droits seigneuriaux, par Messire Denis de Salvaing. *Grenoble*, 1668, in-fol., v. gr.

32. Code féodal, ou recueil chronologique de tous les décrets rendus par l'assemblée Constituante concern. les droits féodaux, la dîme, la chasse, la pêche, etc. *Paris*, 1791, in-8, dem.-rel., mar. br.

33. Traité des droits d'usage, servitudes réelles, du droit de superficie et de la jouissance des biens communaux et des établiss. publics, par Proudhon. *Paris*, 1848, in-8, 2 vol., dem.-rel., mar. bleu.

34. Des droits des communes sur les biens communaux; par Latruffe-Montmeylian. *Paris*, 1825, 2 vol. in-8, dem.-rel., mar. br., n. rog.

35. De l'aliénation et de la prescription des biens de l'Etat, des communes et des établiss. publics dans le droit ancien et moderne, par A. des Glajeux. *Paris*, 1859, in-8, dem.-rel., mar. orange.

36. Traité historique, théorique et pratique, de la législation des portions communales ou ménagères, etc., par Le Gentil. *Paris*, 1854, in-8, dem.-rel., mar. viol.

37. Traité de la propriété, par Ch. Comte. *Paris*, 1834, 2 vol. in-8, br.

38. Traité du voisinage, par Fournel; 4e édit. augm., par Tardif. *Paris*, 1834, 2 vol. in-8, dem.-rel., mar. bleu.

39. Code rural ou maximes et règlemens concernant les biens de campagne (par Boucher d'Argis). *Paris*, 1749, 2 vol. in-12, v. m.

40. Œuvres judiciaires du président Henrion de Pansey. *Paris*, 184. , gr. in-8, dem.-rel.

41. Recherches hist. sur les anciennes institutions administr., municipales et judiciaires de la France et sur le bois de chauffage à Paris, depuis les derniers temps du moyen âge jusqu'au XVIIIe siècle, par A. Gerbaut. *Paris,* 1850, in-8, dem.-rel., mar. vert.

42. Traité des procès-verbaux en matière de délits et de contraventions, par Mangin, avec introd., par F. Helie. *Paris,* 1839, in-8, dem.-rel., mar. rou.

43. Praxis criminis persequendi, ab J. Millaeo Boio. *Parisiis,* 1551, in-8, vél.

44. La loy salique livret de la première humaine vérité, là ou sont en brief les origines et auctoritez de la loy salique, pour monstrer a quel poinct fauldra nécessairement en la gallique république venir; et que de ladicte République sortira ung monarche temporel, par Guillaume Postel. *A Paris, en la rue Sainct Jacques, aux Cigongnes.* 1552, pet. in-12, jolie rel., mar. bleu, dent., tr. dor.

Édition originale. Très-rare.

45. Statuta almæ urbis Romæ, auctoritate S. D. N. D. Gregorii Papæ XIII, reformata et edita. *Romæ, in œdibus populi romani,* 1580, in-fol., vél. ant., f., tr. dor. (Aux premières armes de de Thou.)

Dans le même volume : *Gratiæ, immunitates et facultates per summos romanos pontifices, almæ urbi Romæ populoque romano concessæ.*

46. Le grand coustumier general de praticque, aultrement appelle somme rurale : contenant la forme cõmune de proceder et practiquer en toutes courts, et jurisdictiõs, nouuellement oultre les precedentes impressions reueu et corrige, hors mys et oste le superflu qui de psent nest obserue en practique, restituees les allegatiõs et raisons de droit, adjouste plusieurs decisiõs, coustumes, ordonnãces, et arrestz de la court, selon les matieres occurentes, etc. Auec le repertoire des rubriches, et matières contenues au présent volume (par Jehan Bouteiller). *On le vend a Paris en la grant salle du palais en la boutique de*

Gaillot du Pre, 1537, in-f., v. gr. *Titre gravé (Go-thique à 2 colonnes).*

Livre très-rare. Bel exemplaire, sauf quelques taches d'eau.

47. LES COUSTUMES GENERALES ET ORDONNANCES DES PAR-LEMENS DU DUCHIE DE BOURGOINGNE. *S. l., n. d.;* (vers 1490.) — Les ordōnances royaulx des feuz roys Charles VII et VIII de ce nō avec celles du roy Louys XII. Auquel Dieu doint bōne vie. Et plusieurs autres ordonāces faictes puis na gueres tant pour les universitez que pour les monoyes, etc. (*A la fin*), ci finissent les ordonances royaulx nouvellement imprimees a Lyon, par Claude Davost : autrement dict de Troys : ...... Le XIX° jour du moys de Decēbre Mil V° et neuf (1509.). En 1 vol. pet. in-4, rel. en parchemin.

Très-rare; en bon état.

48. Recueil des édits, déclarations, arrests et reglemens, propres et particul. aux provinces du ressort de Flandres. *Douay*, 1730, in-4, v. m.

49. Ordonnance de Lorraine, pour l'administration de la justice. Novembre 1707. *Nancy*, 1777, in-12, v. mar.

50. Ordonnance de Son Altesse Royale, pour l'administr. de la justice, donnée à Lunéville en 1707. *Nancy*, 1725, 2 vol. in-12, v. jas. (*Exemplaire interfolié de papier blanc.*)

51. Conférence, par ordre alphabét., des matières contenues en l'ordonnance de Lorraine, civile, criminelle et des eaux et forêts, de 1707 ; par A. Riston. *Nancy, Lamort,* 1774, 2 part. en 1 vol. in-8, bas.

52. Table des matières contenues dans les ordonnances des ducs de Lorraine. *Nancy, chez Babin,* 1769, in-4, bas.

53. Essai hist. sur la rédaction des principales coutumes et sur les assemblées d'états de la Lorraine ducale et du Barrois, par M. Beaupré. *Nancy,* 1845.—Des

domaines de l'Etat constitutionnel, par Noël. *Nancy,*
1830 ; ens. 2 vol. in-8, br.

54. Arrest du conseil royal des finances et commerce,
concern. les forges et usines de Sainte-Fontaine, du
ruisseau de la Rossel. *Nancy, Charlot,* 1769, in-4,
cart.

A la suite manuscrit de 24 pages sur le même sujet.

55. Coutumes générales du Marquisat de Hattouchatel
et de ses dépendances, rédigées et réformées par le s^r
de Rogévillé. *Nancy,* 1788, gr. in-12, mar. vert, fil.,
tr. dor. (*Capé*).

Superbe exemplaire. —Rare.

56. Mémoires pour les héritiers de M. le duc d'Uzès,
contre la commune de Bareilles, intimée; par Meaume.
Nancy, 1861, 2 part., in-4, dem.-rel. d. et c. mar. v.

57. Coustumes générales des pays duché de Luxembourg
et conté de Chiny, decrétées par le Roy nostre Sire.
Luxembourg, 1623, pet. in-4, dem.-rel.

DROIT FORESTIER.

ORDONNANCES DES ROIS DE FRANCE.—CODES FORESTIERS.
RÉGIME DES EAUX, — MANUELS DES GARDES, ETC.

58. Introduction générale à l'étude de la législation et
de la jurisprudence forestière, par E. Meaume, d'après
le ms. de Tocquaine. *Paris,* 1845, in-8, br.

59. Recueil des ordonnances generales faictes par les
Roys de France sur le faict des eaues et forestz, etc.,
par Guillaume Martin. *A Orléans, par Eloy Gibier,*
1582, pet. in-8, dem.-rel. mar. v.

60. Edicts et ordonnances des eaues et forests, augm.
de nouveau de plusieurs ordonnances, etc. *Paris,* 1588,
in-8, dem.-rel. v. viol.

61. Les edicts et ordonnances des Roys, coutumes des

provinces, reglemens, arrestés et jugemens notables
des eaues et forests, recueil. et divisez en III livres,
avec observat. de plus. choses dignes de remarque;
par de Sainctyon. *A Paris, chez la veuve Langelier,*
1610, in-fol., dem.-rel. *Titre gravé.*

62. Ordonnances de Louis XIV, sur le fait des eaux et
forests. *Paris,* 1765, in-12, v. m.

63. Ordonnance de Louis XIV, ou nouveau règlement
général pour les eaux et forêts du royaume en 1669.
Paris, 1821, in-8, dem.-rel., v. fauve.

64. Ordonnance de Louis XIV, indispensable à tous les
marchands de bois flotté, de charbon, etc., et à tous
les propriétaires dont les biens sont situés près des
rivières navigables. *Paris,* 1823, in-18, dem.-rel.,
mar. vert.

65. Conférence de l'ordonnance de Louis XIV (1669),
sur le fait des eaux et forêts... cont. les loix forestières
de France ; nouv. édit. augm. d'observat. de Simon
et Segauld. *Paris,* 1752, 2 vol. in-4, dem.-rel., mar.
rou., tr. dor.

66. Règlement general des commissaires du Roy, députez par lettres patentes du 14 nov. 1724, pour la
réformation des eaux et forêts de la province du
Dauphiné. *Grenoble, Faure,* 1732, 2 part. en 1 vol.
in-12, rel.

67. Commentaire sur l'ordonnance des eaux et forêts
(par Jousse). *Lyon,* 1782, in-12, bas.

68. Traité des bois servans à tous usages, contenant les
ordonnances du Roy, touchant les règlemens des
bois..., par Cl. Caron. *Paris,* 1676, 2 vol., pet. in-8,
v. gr. *Planches.*

69. Traité des bois servans à tous usages, contenant
les ordonnances du Roy, touchant le règlement des
bois..., par C. Caron. *Paris,* 1700, fort vol. in-8, v.
gr. *Figures.*

70. Recueil d'édits du Roy, arrêts et ordonnances con-

cernant les eaux et forêts. 1664-1750. 2 forts vol.
in-4, bas.

Précieuse réunion. Plusieurs pièces sont manuscrites.

71. Ordonnance de S. A. R. pour l'administr. de la
justice, donnée à Lunéville au mois de nov. 1707.
Édit concernant la police des eaux et forêts, 1721, en
1 vol. *Nancy*, 1725, in-12, dem.-rel.

72. Recherches sur les droits de Gruerie, Grairie, Sé-
grayrie tiers et danger, et tiers denier, par Angebault.
Paris, an XI, in-8, dem.-rel., mar. bleu.

73. Loix forestieres de France, ou commentaire hist.
et raisonné sur l'ordonnance de 1669, etc., par Pec-
quet. *Paris*, 1782, 2 vol.—Supplément, par Poncelin
de la Roche-Tilhac. *Paris*, 1782, 1 vol. ; ens. 3 vol.
in-4, v. mar.

74. Recueil méthodique des lois, règlements, décisions,
et de la jurisprudence en matière forestière, avec des
notes p. s. aux vérifications de l'inspection générale
des finances. *Paris, I. R.*, 1840, in-4, dem.-rel.,
mar. rou.

75. Traité du régime forestier, ou analyse méthodique
et raisonnée des arrêts, règlements, etc., concernant
l'organisation des officiers forestiers, par Dralet.
Paris, 1812, 2 tom. en 1 vol. in-8, dem.-rel., mar.

76. Traité de la législation rurale et forestière, par Cap-
péau. *Marseille*, 1824, 3 vol. in-8, dem.-rel., mar.
bleu, n. rog.

77. Notices des principaux arrêts correctionnels rendus
par la cour royale de Nancy en matière forestière, par
A. Gerbaut. *Paris*, 1840, in-8, dem.-rel., mar. bleu.

78. Traité complet de droit rural appliqué, ou guide
théorique et pratique des propriétaires, fermiers, juges
de paix, maires, etc., par A. Bourguignat. *Paris*,
1852, in-8, dem.-rel., mar. viol.

79. Programme du cours élémentaire de législation et
de jurisprudence professé à l'École forestière, par

E. Meaume. *Nancy*, 1854, in-8, dem.-rel., mar., n.
rog.

80. EAUX ET FORÊTS, 15 vol. divers formats, rel.

Code forestier.—Dict. des Eaux et Forêts, par Massé. — Manuel du
forestier, par Richard.—Manuel des Engagistes. — Livre du forestier, par
de Mornay. — Culture du bois, par Baudrillart . — Mémorial des forêts
(5e et 6e année).— Manuel des gardes champêtres. —Le Forestier praticien, etc.

81. EAUX ET FORÊTS (Mémoires, requêtes et arrêts concernant les). 5 p. in-8 et in-fol.

Mémoire signifié pour les officiers de la maîtrise d'Auxerre, contre les
échevins. 1760. — Arrêt de la cour du parlement de Nancy. 1789. —
Mém. pour les maire et syndics de la ville de Gex contre P. Baudet.
1782.—Autre, de Gex contre les offic. du bailliage. 1755.—Arrest du conseil du roy portant défense au fermier des aides de Beauvais d'exiger
aucuns droits des adjud. de forests. 1696, etc.

82. EAUX ET FORÊTS (Mémoires, requêtes et arrêts, concernant les). 10 p. in-4, imprimées à Nancy, en 1764,
86, 87, 89 et 93.

83. Traité général des eaux et forêts, chasses et pêches,
composé d'un recueil chronologique des règlemens
forestiers, d'un dictionnaire des eaux et forêts, et d'un
dictionnaire des chasses et pêches, etc. (Années 1515-
1847); par Baudrillart et Herbain de Halle. *Paris*,
1821-1843, 7 vol., in-4, cart. à la Bradel, n. rog.
Atlas de figures.

84. Des droits d'usage dans les bois de l'Etat, dans ceux
des particuliers et notamment dans les forêts de l'ancien comté d'Evreux, par d'Avannes. *Paris*, 1837,
in-8, dem.-rel., v. ant.

85. Mémoires concern. le droit de tiers et danger sur
les bois de la province de Normandie; par L. Gréard.
Rouen, 1737, in-4, v. m.

86. De la propriété communale et de la mise en culture
des biens communaux, par E. Cauchy. *Paris*, 1848,
in-8, dem.-rel., mar. br.

87. Introduction à l'étude de la législation et de la jurisprudence forestières, par E. Meaume. *Nancy*, 1857, in-8, dem.-rel., mar. br.

88. De la capitalisation des droits d'usage dans les forêts ; par Noirot-Bonnet. *Lyon*, 1846, gr. in-8, rel. en percal.

89. In regias aquarum et silvarum constitutiones commentarius. Claudio Mallevillæo. *Parisiis, V. Sartenas*, 1561, pet. in-8, mar. vert doublé de mar. rou., pet. fers argentés, tr. dor. (*Weill.*)

90. Domanialité en Dauphiné, Mémoire sur la concession de la forêt de Chambaran (par Lagrée). In-4, dem.-rel.
On y trouve à la fin d'autres pièces en latin, interfoliées de papier blanc.

91. Deffences pour les particuliers qui possèdent des bois dans la province de Normandie, contre la prétention des droits de tiers et danger (par Gréard). *Rouën*, 1663, in-4, parch.

92. Mémoire pour les officiers de la maîtrise des eaux et forêts de Sarguemines, défendeurs et demandeurs, contre les maires, syndics, etc. In-fol., n. rel.

93. Forêts (direction générale et administration des) environ 40 broch., in-4, imprimés et manuscrit.
Instructions et circulaires de 1817 à 1837.

94. Règlement pour la conservation des bois, situés dans les bailliages de Nyon et de Bonmont. *Berne*, 1763.—Règlement général des Ports et Joux. *Berne*, 1700, 2 vol br. in-4.

95. Jurisprudence des forêts, circulaires, etc., 26 vol. br. in-4 et in-8.

96. Tractatus de jurisdictione forestiali, von der Forstlichen Obrigkeit, Forst-Gerechtigkeit, und Wildbann... ou du droit domanial des forêts, du droit de chasse, etc., par J. J. Beck. *Nürnberg*, 1737, in-4, v. gr. *Frontispice gravé.*

97. Des droits d'usages dans les forêts de l'administra-

tion des bois communaux et de l'affouage, par Méaume. *Paris*, 1851, 2 vol. in-8, dem.-rel.

98. Projet de code forestier, présenté par une commission spéciale, séance du 16 ventôse an VII. *Paris, I. N., an VII*, in-8, dem.-rel., mar. bleu.

99. Projet de code rural et de code forestier, par Ardant. *Paris*, 1819, in-8, dem.-rel., mar. viol.

100. Collection chronologique et raisonnée des arrêts de la Cour de cassation en matière d'eaux et forêts, depuis l'an VII jusqu'en 1808 (par Baudrillart). *Paris*, 1811, in-8, dem.-rel.

101. Code forestier, avec l'exposé des motifs, la discussion des deux Chambres, etc., publ. par Brousse, sous la direction du baron Favard de Langlade. *Paris*, 1827, in-8, dem.-rel., mar. vert.

102. Code forestier, annoté par Ch. de Vaulx et J. Foélix. *Paris*, 1827, in-8, dem.-rel., mar. viol.

103. Code forestier contenant le tarif des amendes, etc., par Gariel. *Grenoble*, 1827, in-8, dem.-rel., mar. vert.

104. Code forestier. In-32, cart.

105. Codes forestiers de Sirey, édit. publ. par Gilbert. *Paris, Coste*, 1854, gr. in-8, dem.-rel., ch. v.

106. Code forestier suivi de l'ordonnance réglementaire, du code de la pêche fluviale et du code de la chasse, etc. *Paris*, I. I., 1860, in-8, dem.-rel., mar. vert.

107. Les codes de la législation forestière comprenant le code forestier, le code de la chasse et de la pêche fluviale. *Paris*, 1861, in-18, dem.-rel., v. viol.

108. Code rural français, ou recueil des lois civiles, administr. forestières et de la pêche fluviale. In-12, dem.-rel., mar. vert.

109. Vocabulaire du code forestier, par Biret. *Paris*, 1823, in-8, dem.-rel., v. fauve.

110. Le code forestier conféré et mis en rapport avec
la législation qui régit les différents propriétaires et
usagers dans les bois, par Curasson. *Paris*, 1828,
2 vol. in-8, dem.-rel., mar. bleu.

111. Le code forestier, expliqué par J. B. Paillet. *Paris*,
1829, in-8, dem.-rel., mar. vert.

112. Commentaire sur le code forestier suivi de l'ordonnance d'exécution, par M. Coin-Delisle et Fréde-
rich. *Paris*, 1827, in-8, dem-rel., mar. viol.

113. Commentaire du code forestier et de l'ordonnance, ou manuel de droit forestier, par E. Meaume.
Paris, 1844-1846, 3 forts vol. in-8, dem.-rel. (*In-
terfoliés de papier blanc.*)

114. Code du commerce de bois, pour l'approvisionnement de Paris, par Dupin. *Paris*, 1822, 2 vol. in-8,
dem.-rel., *cartes.*

115. Nouvelle instruction pour les gardes généraux et
particuliers des eaux et forêts, pêches et chasses.
Paris, 1765, in-12, bas.

116. Manuel de la police rurale et forestière, de la chasse
et de la pêche, par A. C. Guichard. *Paris*, 1829,
in-8, dem.-rel., mar. br.

117. Manuel de droit rural et d'économie agricole,
2ᵉ édition augm. par J. de Valserres. *Paris*, 1847,
in-8, dem.-rel., mar. br.

118. Manuel rural et forestier, ou recueil des lois,
arrêts, etc., depuis 1789 jusqu'à 1812, publ. par
Rondonneau. *Paris*, 1812, in-8, dem.-rel., mar.
rou.

119. Petit manuel forestier, 2ᵉ édit., par Herbin de
Halle. In-18, dem.-rel., mar. br.

120. Manuel administratif et réglementaire du garde
forestier, par J. Richmonds. *Paris*, 1846, in-12,
dem.-rel., mar. vert.

121. Manuel des propriétaires et régisseurs de bois et forêts par Noirot. *Dijon*, 1829, in-12, d.-rel. v. fau.

122. Guide pratique et raisonné du garde forestier, par Bouquet de la Grye. *Paris*, 1859, in-12, dem.-rel., mar. vert.

123. Manuel des gardes champêtres et forestiers par A. C. G. (Guichard). *Paris, an VII*, in-12 d.-rel. (*Interfolié de papier blanc.*)

124. Manuel du garde champêtre, forestier ou particuculier, par P. Clère. *Paris*, 1853, in-12, dem.-rel. mar. bleu.

DROIT DE CHASSE ET DE PÊCHE.

125. Les ordonnances royalles sur le faict des chasses, eaues et forêtz du royaume de France, avec celles du Roy Henri II de ce nom, vérifiées et collationnées aux originaux... *A Paris, pour Gilles Corrozet*, 1554, pet. in-8 de 95 ff., cart.

Un des plus rares volumes de Corrozet. Légère déchirure, emportant quelques mots, feuillet 60°.

126. Jag und Forstrecht, c'est-à-dire : Droit des chasses et des forêts, par Noé Meurer (textes en allemand et en latin). *Francfort*, 1582, in-f. v. ant. à comp: (Reliure originale, datée de 1582.)

Ouvrage extrêmement rare, orné de jolies gravures sur bois de Amman.

127. Edict du roy, sur le règlement général des chasses. *Paris*, 1602, dos. et c. cuir de Russie, tr. dor.

128. Edict du Roy, portant deffences, a tous seigneurs, gentilshommes et autres de chasser ou faire chasser a toutes sortes de bestes, ou gibier défendu par les ordonnances avec chiens couchans ou courrans : porter bricolles, pants de rets, et pièces, ne tirer, ou faire tirer de l'arquebuse ès bois et forêts de Sa Majesté, etc. *Paris*, 1607, in-8, cart.

129. Jus venandi, aucupandi et piscandi, romano bava-

ricum. Tractatus ad constitutionem venatioram elec-
toralem bavaricam cum jure communi collectam auth.
Seb. Khraissero. *Neoburgi ad Istrum*, 1651, in-12,
parch.

130. Traité du droit de chasse (par Fr. de Launay).
Paris, 1681, in-12, v. gr.

131. Nouveau traité du droit de chasse avec un recueil
des ordonnances, édits, etc. depuis Philippe le Long
jusques à Louis XIV concernant la chasse (par F. de
Launay). *Paris*, 1681, in-12, v. mar.

132. Corpus juris venatorio-forestalis, romano-germa-
nici... opera ac studio A. Fritschii. *Lipsiæ*, 1702,
in-f. vél. *Titre gravé.* (*Manquent les pages* 797 à 800.)

133. De prohibita venatione seu fericidio, quæstiones
practicæ publ. D. D. utriusq. fori judicio exhibitæ a
J. A. de Zeidlmair. *Augustæ-Vindelicorum*, 1712,
in-12, dos et c. cuir de Russie, tr. d'or.

134. Code des chasses, ou nouveau traité du droit des
chasses suivant la jurisprudence de l'ordonnance de
Louis XIV. *Paris*, 1720, 2 vol. in-12, v. gr.

135. J. Otto, freyer Pürsch-Beschreibung, in sich be-
greiffende Zehen Marck und Freyungs-Stein. *Ulm*,
1725, in-4, cart.

136. Tractacus juridicus, de jure venandi, auct. Th. Cru-
siano. *Tubingæ*, 1726, in-8, dos et coins cuir de Russie,
n. rog, tête dor.

137. Edit de Son Altesse Royale (Léopold de Lorraine),
portant règlement sur la chasse et la pêche. *Nancy*,
1729. — Capitaineries des chasses de Lorraine et
Barrois, br. in-4, cart.

138. Tractatio juris canonici de clerico venatore, auctore
Felice Spitzio. *Halæ-Magdeb.*, 1735, in-4, dos et c.
mar. vert, tr. dor.

139. Joan. Guil. de Gœbel, de jure venandi diatriba
multis in præsenti ab ipso accessionibus aucta; præ-

missa est disquisitio…. de pœnis…. et universi apparatus venatorii per veterum Germanorum… auctore Gottlieb. Francke. *Helmstadii*, 1740, in-4, d.-rel. cuir de Russie, n. rog.

Extrêmement rare.

140. J. G. de Gœbel. Commentationum de jure venandi… *Hemlstadii* (1743 ?), in-4, v. m. *Portrait.*

141. Règlement général des chasses de Vincennes pour la conservation du gibier, etc., 1765, in-12, v. fau.

142. Principes généraux de jurisprudence sur les droits de chasse et de pêche suivant le droit commun de la France (par J. Henriquez). *Paris*, 1775, pet. in-12, v. mar.

143. Nouveau code des chasses, ou précis alphabétique et raisonné des ordonnances et arrêts sur le droit de chasse, etc. par J. Henriquez. *Paris*, 1784, 2 vol. in-12, v. mar.

144. Règlement général des chasses de la capitainerie royale d'Halatte, pour la conservation du gibier, la punition des délits, et le maintien de la police, 1786. *Senlis*, 1786, in-12, v. fauve.

Exemplaire en papier fort de Hollande.

145. Code de la chasse et de la pêche, contre les lois, les arrêtés, etc. depuis 1789 jusqu'à ce jour par Rondonneau. *Paris*, 1810, in-8. dem.-rel. (*Notes marginales.*)

146. Manuel des chasseurs, ou code de la chasse, par Blanc-Saint-Bonnet. *Paris*, 1821, in-8, cart.

147. Projet de législation sur les chasses, fait en 1817 ; par le lieut. gén. Cte de Girardin, premier veneur. *Paris, Impr. Roy.*, 1824, in-f., br.

148. Du droit de chasse, par Mathieu de Dombasle. 1843. — Obs. sur la chasse et la pêche, par Thibault, 1814. — Projet de code de chasse, par Fougeroux de Champigneulles, 1828, 3 broch. in-8, cart.

149. Code de la chasse, manuel complet du chasseur, par
H. Raisson, suivi du code de la pêche. *Paris*, 1829,
in-18, dem.-rel.

150. Code de la pêche fluviale et de la chasse, ou recueil
complet des lois, décrets, ordonnances, etc., avec des
notes par un membre du ministère public. *Dijon*,
1829, in-8, dem.-rel.

151. Traité complet du droit de chasse, par Petit, conseiller à la cour de Douai. *Paris*, *Thorel*, 1838, 2 t.
en 1 vol. in-8, dem.-rel. v. fau.

152. Nouvelle loi sur la police de la chasse, promulguée
le 3 mai 1844. *Paris*, 1844, in-18, dem.-rel. m. vert.

153. Nouveau code des chasses, par Gillon et de Ville-
pin. *Paris*, 1844, in-12, dem.-rel. v. ant.

154. Traités des délits et des peines de chasse, préc.
d'une notice historique, etc., par Perrève. *Bourges*,
1845, in-8, dem.-rel. veau f.

155. Législation de la chasse et de la louveterie com-
mentée, par Ch. Berriat-Saint-Prix. *Paris*, 1845,
in-8, dem.-rel. maroq. rou.

156. Le droit de la chasse français, ouvrage renfermant
la loi nouvelle sur la police de la chasse, etc., par
Chardon. *Paris et Lyon*, 1845, in-8, dem.-rel.
maroq. bl.

157. Dommages aux champs causés par le gibier. (Lapins. — Lièvres. — Sangliers, etc.). De la responsa-
bilité des propriétaires de bois et forêts et locataires
de chasses, etc.; par Alex. Sorel, avocat. *Paris*,
A. Aubry, 1861, in-8, br.
Exemp. sur grand papier chamois.

SCIENCES ET ARTS.

PHILOSOPHIE. — MORALE.

157 *bis*. Ad Senecæ lectionem proodopœïa, in qua et non-

nuli ejus loci emend. autore Henr. Stephano. — Epistolæ
ejusd., pàrtim diòrthotikæ quorûdam Senecæ loco-
rum ..... partim etiam in quosdam exetastikæ
(*Sine loco*), 1586, 2 vol. pet. in-8, mar. br., fil., tr.
dor. (*Lardière.*)

158. Œuvres philosophiques de Descartes, publ. d'après
les textes originaux de Aimé-Martin. *Paris*, 1843, gr.
in-8, dem.-rel., mar., n. rog. *Portrait et planches.*

159. D. Ambrosii Mediolanensis episcopi de officiis
lib. III. *Moguntiæ*, 1602; pet. in-8, mar. v. (*Aux
troisièmes armes de de Thou*).
Ex libris Solar.

160. Œuvres philosophiques de La Mettrie. *Berlin*,
1775, 3 vol. in-12, remboîtés dans une rel. mar. rou.
(*Aux armes de Marie Leckzinska.*)

161. De la philosophie de la nature, ou traité de morale
pour le genre humain (par de Lisle de Sales). *Londres*,
1789, 7 vol. in-8, bas., *figures*.

162. Vénus physique, cont. deux dissertations, l'une sur
l'origine des hommes et des animaux : et l'autre sur
l'origine des Noirs. *La Haye*, 1746, in-12, broché
non coupé.

163. Amilec, ou la graine d'hommes qui sert à peupler
les planètes (par Tiphaine). *Lunéville*, 1754, pet. in-12,
dem.-rel.

164. De l'âme. Essai de psychologie expérimentale ; par
E. Cournault. *Paris*, 1855, in-8, br.

165. Essai philosophique sur l'âme des bêtes, où l'on
traite de son existence et de sa nature (par D. R.
Boullier). *Amst.*, 1728, pet. in-8, v.

166. Entretiens sur la nature de l'âme des bêtes. *Colmar*,
1756, in-12, v. m.

167. Traité de la connoissance des animaux ou tout ce
qui a esté dict pour, et contre le raisonnement des
bestes est examiné par le s^r de la Chambre. *Paris*,
1648, in-4, v. mar., fil.

168. Amusement philosophique sur le langage des bestes (par le P. Bougeant). *Paris*, 1739, in-12, v. mar.

169. Le triomphe de la Mort, gravé d'après les dessins originaux de Holbein, par Chrétien de Méchel, graveur à Bâle, 1780. Pet. in-8, carré, mâr. brun, compart., tr. dor. (*Bardisser.*)
Nouveau tirage fait avec les planches et un texte français en 1856. (43 planches.)

170. Dialogi di Antonio Brucioli, della morale philosophia. *Stampato in Venetia*, 1544, pet. in-4, bas., fig. en bois devant le titre.

171. Le livre d'Abd-el-Kader intitulé rappel à l'intelligent, avis à l'indifférent. Considérations philosophiques, religieuses, etc., par l'Emir Abd-el-Kader, trad., par Dugat. *Paris*, 1858, in-8, br.

172. L'Eloge de la folie, trad. du latin d'Erasme, par Gueudeville. *S. l.*, 1753, in-12, v. gr., *figures d'Eisen*.

173. Discours sur l'étude de la philosophie naturelle, par J. F. W. Herschel, trad. de l'anglais, par B***. *Paris*, 1834, in-12, dem.-rel., mar. vert.

---

174. Characterum ethicorum Theophrasti Eresii ..... præfatione et adnotat. illust. J. Christophorus Amadutius. *Parmæ, ex Reg. typogr.*, 1786, in-4, cart. n. rog., *papier vergé*.

175. Les Essais de Michel, seigneur de Montaigne, donnez sur les plus correctes éditions, avec des notes; par P. Coste. *Paris*, 1725, 3 vol. in-4, fau. *Portrait*.
Bel exemplaire.

176. Essais de M. de Montaigne, avec les notes de tous les commentateurs, édition publ. par J. V. Le Clerc. *Paris, Lefèvre*, 1836, 2 vol. in-8, dem.-rel. mar. rouge, non rog.

177. Tractatus magistri Alberti Magni, doctoris eximii

episcopi Ratisponēsis. De veris perfectis virtutibus, seu paradisus anime nuncupatus. *Argentine, M. Flach.* 1498, pet. in-4, *gothique*, cart.

178. De la sagesse, trois livres, par P. Charron. *Genève,* 1777, 3 vol. in-18, v.

179. Les caractères des passions, par le s^r de La Chambre. *Paris,* 1640, in-4, v. *Titre gravé.*

180. Les morales de Torquato Tasso, où il est traité de la cour, de l'oisiveté, du mariage, de l'amour, etc. *Paris, Courbé,* 1632. — De la noblesse, dialogue de Torq. Tasso. *Paris, Courbé,* 1632 ; ens. 2 vol. in-8, maroq. roug., fil. tr. dor. (*Anc. rel. uniforme.*)

181. Fontaine d'honneur et de vertu, monstrant comme un chascun doit vivre en tout aage, en tout temps et en tout lieu. *T'Antwerpen,* 1649, in-4 à 2 col., rel. sur br., avec témoins, dem.-rel. mar. vert.

Avec le texte hollandais en regard.

182. La civilité puérile et honneste, pour l'instruction des enfants,......; dressée par un missionnaire. *Paris,* 1768, in-12, dem.-rel.

Impr. en caractères dits de Civilité.—Piq. de vers et mouill.

183. Le Livre du chevalier de la Tour Landry, pour l'enseignement de ses filles ; publ. d'ap. les mss. par Anat. de Montaiglon. *Paris, Jannet,* 1854, dem.-rel. mar. ol., non rog.

184. L'Enfant sage à trois ans, avecque la semelitude de lenffant proudigue. *Paris, A. Aubry,* 1859, in-8, dos et coins de cuir de Russie, n. rog., tête dor.

Réimpression en caractères gothiques d'un opuscule du xve siècle, de la plus grande rareté, due aux soins de M. W. Martin.—*Tiré à 52 exemplaires numérotés.*

185. De l'éducation civile, par Garnier. *Paris,* 1765, pet. in-12, v. mar.

Ex. du duc de La Vallière, à ses armes.

186. Compendio del rapporto presentato a S. E. il ministro dell'interno dal direttore generale della pub-

blica instruzione, nell' anno 1807, a S. A. I. il principe
E. Napoleone, vice-re d'Italia, *Milano, Cairo et C°*,
in-8, mar. rou., filets.

Exemplaire en papier d'amiante, incombustible, « *di* Lena Perpenti *di Como.* »

ÉCONOMIE POLITIQUE ET SOCIALE.

187. Introduction générale à l'étude de la politique,
des finances et du commerce, par de Beausobre.
Berlin, 1771, 2 t. en 1 vol. in-12, dem.-rel. v. fau.
(*Bauzonnet.*)

188. Testament politique de Charles, duc de Lorraine
et de Bar (par H. de Straatman). *Lipsic*, 1697, in-12,
mar. v., fil., tr. dor.

189. Les hommes et les choses, où l'avenir par le passé ;
abrégé de l'hist. philosoph. et de l'économie politique
au xix° siècle, par E. A. Carrière. *Paris*, 1857, in-8,
dem.-rel., n. rog.

190. Le guydon général des financiers, par Jean Hen-
nequin, Champenois. *Paris, Abel Langelier*, 1593,
in-8, parch. *Mouill. d'eau.*

Ouvrage estimé et peu commun.

191. Discours œconomique, non moins utile que recreatif, monstrant comme de cinq cens livres pour une
foys employées, l'on peult tirer par an quatre mil cinq
cens livres de proffict honneste, etc., par Prudent le
Choyselat. *A Rouen, chez Martin le Menestrier*, 1612.
In-8, br.

191 *bis.* — Le même. *Paris, Cussac, an IX*, in-12, br.

Suivi de : l'*Art de disposer un poulailler, de connqître un bon coq, les poules les plus fécondes, de les nourrir, de connaître si les œufs sont frais, etc.*

192. Traité pratique de l'administration financière des
communes et des établiss. de bienfaisance, par
L. Roy. *Paris*, 1842, in-8, dem.-rel. mar. br.

193. Le moyen de devenir riche, et la manière véritable

par laquelle tous les hommes de la France pourront apprendre à multiplier et augmenter leurs trésors et possessions, etc., par Bernard Palissy. *Paris, R. Fouet,* 1636, in-8, v. gr., fil., tr. dor.

194. Etudes sur les réformateurs ou socialistes modernes, par L. Reybaud. *Paris,* 1849, 2 tom. en 1 vol. in-12, dem.-rel., mar. viol.

195. Les vierges martyres, par A. Esquiros. *Paris,* 1846, in-18, dem.-rel. mar. rouge.

196. Essaï sur les moyens d'améliorer en France la condition des laboureurs, des journaliers, des hommes de peine vivant dans les campagnes, et celles de leurs femmes et de leurs enfants, par un Savoyard (par Cliquot de Blervache). *Chambéry,* 1789, in-8, dem.-rel. *Front. gravé.*

197. Des intérêts matériels en France. — Travaux publics, routes, canaux, chemins de fer, par M. Chevalier. *Paris,* 1843, in-12, dem.-rel. *Carte.*

198. Enrichissement du monde, cont. l'augmentation et l'amélioration du pain en général, ou du pain sans grains. Du blanchiss. à la minute du linge, du coton et du fil, par J. B. Paifer. *Metz,* 1816, in-12, bas.

199. Dictionnaire de l'approvisionnement de Paris, en combustibles, en bois de construction et autres marchandises, par C. P. Rousseau. *Paris,* 1841, gr. in-8, br.

200. Annuaire de l'administration française, par M. Block. *Paris,* 1858-60, 3 vol. in-12, br.

SCIENCES NATURELLES.

HISTOIRE NATURELLE. — GÉNÉRALITÉS. — DICTIONNAIRES. — TRAITÉS DIVERS.

201. Dictionnaire universel d'histoire naturelle, par MM. Audouin, Bazin, etc., dirigé par Ch. D'Orbigny.

Paris, 1840, 16 vol. gr. in-8, dem.-rel., d. et c. mar. v., dont 3 pour l'*Atlas de figures coloriées.*
Bel exemplaire, non rogné.

202. D'Orbigny, 3 vol., dem.-rel., mar. v., n. rog. (*Les planches noires, seulement.*)

203. Plini Secundi Veronensis historiæ naturalis libri, ab Benedicto emendatiores reditti. *S. l.*, 1510, 2 vol. in-8, v. f. (Le dernier feuillet du t. Ier ms.)
Contrefaçon aldine des plus rares.

204. C. Plinii Secundi historiæ mundi libri XXXVII. Denuo ad vetustos codices collati, et plurimis locis emendati.... in calce.... index est additus. *Basileæ*, 1549, in-fol. v. (*Aux armes.*)
Joli exemplaire.

205. C. Plinii Secundi historiæ naturalis libri XXXVII. *Lugd.-Batav., Elzeviriana*, 1635, 3 vol. pet. in-12, maroq. rou., fil., tr. dor. (*Rel. de Boyet, très-bien conservée.*)
Bel exemplaire.

206. Histoire naturelle de Pline, trad. en françois, avec le texte latin rétabli d'après les meilleures leçons manuscrites (par Poinsinet de Sivry, de Querlon, etc.). *Paris*, 1771-1782, 12 vol. in-4, v. mar.

207. J. Jonstoni historiæ naturalis de arboribus et plantis libri X. (*Heilbronn*), 1768, 2 vol. in-fol, v. mar. (*Accompagnés de 137 planches.*)

208. J. Jonstinii theatrum universale omnium animalium quadrupedum ; de avibus, de insectis, de piscibus et cetis. *Rothomagi,* 1768, 4 vol. in-fol. v. m. *Grand nombre de planches.*

209. De Re Hortensi libellus, vulgaria herbarum, florum, ac fruticum, qui in hortis côseri solent nomina latinis vocibus efferre docens ex probatis authoribus, in adolescêtulorum gratiam, multo quam antea locupletior factus. *Parisiis, Rob. Stephani,* 1539, in-8, vél.

210. Histoire philosophique du monde primitif (par

Court de Gébelin). *Paris*, 1793, 7 vol. in-8 et *atlas*
in-4, dem.-rel. *Portrait*.

211. Le spectacle de la nature, ou entretiens sur les
particularités de l'histoire naturelle (par Pluche).
Paris, 1764, 9 vol. in-12, fig. — Histoire du ciel
(par le même). *La Haye*, 1744, 2 vol. in-12, fig.; ens.
11 vol. v. m.

212. Quelques Mémoires sur différents sujets, la plupàrt
d'histoire naturelle, ou de physique générale et particulière. *Paris*, 1813, in-8, dem.-rel. *Fig. et carte.*

213. Vibius Sequester, de fluminibus, fontibus, lacubus,
nemoribus, paludibus, montibus, gentibus quorum
apud poetas mentio fit. Ex recens, F. Hesselii. *Rote-*
rodami, *Willis*, 1711, in-8, vél.
Peu commun.

214. Histoire naturelle, générale et particulière, avec
la description du cabinet du Roy. *La Haye*, 1750,
3 t. en 1 vol. in-4, rel. *Carte et figures.*

215. Tableaux de la nature, ou considérations sur les
déserts, sur la physionomie des végétaux et sur les
cataractes de l'Orénoque, par A. de Humboldt, trad.
de l'allemand par Eyriès. *Paris*, 1808, 2 tom. en
1 vol. in-8, dem.-rel., mar. vert.

216. Lettres physiques et morales sur l'histoire de la
terre et de l'homme. Adressées à la reine de la Grande-
Bretagne, par J. A. de Luc. *La Haye*, 1779, 5 vol,
in-8, v. rac.
Peu commun.

217. Mémoires p. s. à l'hist. naturelle des Pyrénées, et
des pays adjacents, par Palassou. *Pau*, 1815. — Suite
des Mémoires p. s. à l'hist. nat, des Pyrénées, par le
même. *Pau*, 1819, 2 vol. in-8, br. *Envoi et signature*
de l'auteur.

218. Voyages dans les Alpes, précédés d'un essai sur
l'histoire naturelle des environs de Genève, par H. B.

de Saussure. *Genève*, 1787, 8 vol. in-8, bas. *Cartes et planches*.

Ouvrage estimé.

219. Description de l'école pratique du Muséum, par A. Thouïn. *Paris*, 1813, in-4, dem.-rel.

Mémoires réunis en 1 vol.—Exemplaire avec envoi autographe de l'auteur.

220. Révélations des lois de la nature, ou science de la vraie physique, autrement dite science du mécanisme général de la production naturelle, par F. V. Coinze. *Paris*, 1855, in-8, dem.-rel., mar. rou., n. rog.

221. Considérations sur les corps organisés, par C. Bonnet. *Amsterdam*, 1762, 2 tom. en 1 vol. in-8, v. mar.

222. De la longévité humaine et de la quantité de vie sur le globe, par P. Flourens. *Paris*, 1855, in-12, dem.-rel.

223. De latinis et græciis nominibus arborum, fruticum, herbarum, piscium, et avium liber : ex Aristotele, Theophrasto, Galeno, etc. *Lutetiæ, Stephanum*, 1554, in-12, v. fauve.

224. La statique des végétaux et celle des animaux, par le D. Hales. *Paris*, *imp. de Monsieur*, 1779, 2 part. en 1 vol. in-8, bas, *Planches*.

GÉOLOGIE.—MINÉRALOGIE.—PÉTRIFICATIONS.

225. Physiologie de la terre, études géologiques et agricoles, par le marquis de Travanet. *Bourges*, 1844, in-8, br. (pap. vél.).

226. Discours sur les révolutions de la surface du globe, et sur les changemens qu'elles ont produits dans le règne animal, par G. Cuvier. *Paris*, 1840, in-12, dem.-rel., mar. bleu. *Planches*.

227. La Terre et l'homme, ou aperçu hist. de géologie, de géographie et d'ethnologie générales, par A. Maury. *Paris*, 1857, in-12, dem.-rel.

228. Discours en forme de dissertation sur l'état actuel des montagnes des Pyrénées, prononcé par d'Arcet. *Paris*. 1776, in-8, br.

229. Description des Pyrénées, par Drolet. *Paris*, 1813, 2 vol. in-8, br., *cartes et table*.

230. Essai sur la topographie géognostique du départ. de l'Oise, par Graves. *Beauvais*, 1847, in-8, br.

231. Esquisses géologiques de l'arrond. de Toul, par Husson. — 3ᵉ supp., par le même. — Les métamorphoses survenues dans les roches des Vosges, par Puton. — Débris organiques dans les roches, par Braconnot. — Notices géologiques sur la côte d'Essey, par Gaillardot, 8 br., in-8.

232. Mémoire sur l'histoire naturelle de l'Isle de Corse, avec un catalogue lithologique de cette Isle, par Barral. *Londres*, 1783, in-8, br.

233. Mémoire sur les jaspes et autres pierres précieuses de l'Isle de Corse, suivi de notes sur l'hist. naturelle, par Cadet le Jeune. *Bastia*, 1785, in-12, br.

234. Mémoire sur la tourbe, par Bizet. *Amiens*, 1758, in-12, cart.

235. Mémoires sur le charbon, par Chevalier. — Mémoire sur un nouveau procédé de carbonisation dans les usines, par Virclet; recherches sur les bois et le charbon, par le comte de Rumford. Ens. 3 br., in-4.

236. Rapport fait à la société Linnéenne de Paris, sur le fossile trouvé au Long-Rocher, dans la forêt de Fontainebleau, par Descourtilz et autres, 1824. — Réponse aux principaux écrits qui ont paru sur le fossile humain trouvé en 1823, au Long-Rocher, par Barruel, 1824. Ens. 2 br. in-8.

237. Sammlung von Merckvurdig-Keiten der Natur und Alterthumern des Erdbodens, velche petrificirte Korper enthalt; von G. Wolfgang Knorr, (c'est-à-dire) : Recueil de curiosités de la nature et d'antiquités

comprenant les corps pétrifiés. *Nurnberg*, 1755, in-fol.
dem.-rel., n. rog. *Figures coloriées*.

HISTOIRE NATURELLE DES EAUX.—INONDATIONS.

238. Recherches sur la formation de l'existence des ruisseaux, rivières et torrents qui circulent sur le globe.
Paris, 1804, in-4, br. *Planches*.

239. Traité des rivières et des torrents, par le R. P.
Frisi ; trad. de l'ital. par Serrey. *Paris, Impr. Roy.*,
1774, in-4, br. *Planches*.

240. Essai sur la théorie des torrens et des rivières,
par le citoy. Fabre. *Paris*, 1797, in-4, dem.-rel.
Planches.

241. Elude sur les torrents des Hautes-Alpes, par Alex.
Surell. *Paris, 1841, in-4, cart. Planches*.

242. De l'origine des fontaines, par Pierre Perrault.
Paris, 1674, in-12, dem.-rel.

243. Etangs. 7 br. in-12 et in-8.
Traité des étangs, viviers, canaux, fossez et mares, par F. D. B.,
1717.—Mémoires sur les étangs, par Huguenin, 1779.—Manuel des
étangs, par Rougier de la Bergerie, 1819.—Etc.

244. Études sur les inondations, leurs causes et leurs
effets, par Vallès. *Paris, 1857, in-8, br. Planches*.

245. Polonceau. Causes des ravages produits par les
rivières à pente rapide.—Projets d'endiguement de
la Loue et du Doubs. 1844, 2 br. in-4.

246. Etudes sur les inondations, causes et remèdes, par
J. Dumas. *Valence*, 1837, in-8, br. *Planches*.

247. De l'effroyable ou merveilleux desbord. de la
rivière du Rhosne, en 1570. *Lyon*, 1848, petit in-12
(*réimp.*).

248. Des discours des horribles, espouvantables et merveilleux tremblements de terre, et effroyables inondations d'eau, fleuve et mer, advenuz en plusieurs lieux

et diverses contrées, l'an de grâce 1570. *Paris, Guillaume de Nyverd*, pet. in-8 br. (Piq. de vers).

249. Les Inondations en France, depuis le vi[e] s. jusqu'à nos jours, par Maurice Champion. *Paris*, 1859-61, 3 vol. in-8, br.

250. La Provence au point de vue des bois, des torrents et des inondations, par Ch. de Ribbes. *Paris*, 1857, gr. in-8, br.

251. *Inondations*, etc. 7 br., in-8 et in-12.

Instruction sur les effets des inondations et de la gelée, an VII.—Instruction sur les effets des inondations et débordements des rivières, par Cels et Gilbert, an IV.—Rapport sur les dunes du golfe de Gascogne, par Tassin, an X.—Essai sur la législation des cours d'eau, par de Chassiron, 1818.—Police des cours d'eau; sur les causes qui amènent le ravage des torrents et rivières, par G. M., 1801.—Mémoires sur les dunes de Bayonne et de la Gironde, par Bremontier, an V.

252. *Inondations*. 3 vol. et 1 br.

Inondations de 1856. Voyage de l'empereur, par Ch. Robin.—Les inondations de 1856, par Ch. Stephen.—Le fléau de Dieu, ou inondations de 1856, par un catholique.—L'inondation, conté, par de Caumont. *Nancy*, 1825.

253. *Inondations*. 16 br. in-8; par MM. de Saint-Venant, Vicaire, Polonceau, Gras, Rozet, Etienne, Buquet, de Valory, Hun. Troy, Moll, Lambot, Miraval et Gasparin.

254. Etude sur les phénomènes, l'aménagement et la législation des eaux au point de vue des inondations, par Monestier-Savignat. *Paris*, 1858, gros in-8, br. *Carte et planches.*

MÉTÉOROLOGIE.

255. Cours complet de météorologie, de L. F. Kæmtz, trad. et annoté par Ch. Martins, avec appendice par L. Lalanne. *Paris*, 1843, in-12, dem.-rel., mar. vert. *Fig. color.*

256. Le Mirouer de l'air, par bon ordre et brèves sentences donnant à un chascun veue, et avecques causes

cognoissance très-facile presque de toutes choses,
faictes et engendrées en l'air : comme pluyes, gresles,
tonnoirres, fouldres, esclairs, neiges, orages, ventz
et autres, le tout veu par l'autheur (par Antoine
Mizauld, de Beauvais). *Paris, de l'Impr. de Regnaud
Chaudière et Claude son fils,* 1548, pet. in-8, v. fau.
tr. dor.

Édition très-rare, non indiquée au Manuel.

257. Des changements dans le climat de la France.
Histoire de ses révolutions météorologiques, par le
doct. Fuster. *Paris,* 1845, in-8, dem.-rel., mar. bleu.

258. Des climats et de l'influence qu'exercent les sols
boisés et non boisés, par Becquerel. *Paris,* 1853, in-8,
dem.-rel., v. ant. n. rog.

259. Baconi de Verulamio historia naturalis de Ventis,
etc. *Lugd.-Batav,* 1648, pet. in-12, vél. *Titre gravé.*

260. Recherches sur les météores et sur les lois qui
les régissent, par Coulvier-Gravier. *Paris,* 1859, in-8,
dem.-rel., mar. rou.

261. Nouvelle théorie de l'électricité. Nécessité des
forêts pour l'agriculture et le bien-être général, par
R. F. Addenet. *Paris,* 1843, in-8, dem.-rel., v. fau.

262. De la pluie en Europe, par Rozet. *Paris,* 1855,
in-8, dem.-rel., v. ant., n. rog.

263. Essai sur la rosée, par W. G. Wells, trad. de l'anglais par Tordeux. *Paris,* 1817.—Théorie des vents,
par de La Coudraye. *Fontenay,* 1786. *Carte.* —Essai
sur l'influence de nos vents variables sur la tempéra-
ture des saisons, par Leavenworth. *Paris,* 1807. —
Dissertation sur l'origine de la boussole, par Azuni.
Paris, an XIII (1805); ens. 1 vol. in-8, dem.-rel.

263 *bis.* Instruction sur les paratonnerres. — De l'influence des arbres sur la foudre, par Héricart de
Thury.—De la direction et de l'action des vents en
pays de montagne pendant les orages. 3 br. in-8.

HISTOIRE NATURELLE

BOTANIQUE. — FLORES, ETC.

264. Régénération de la nature végétale, par Rauch. *Paris, Didot,* 1818, 2 vol. in-8, dem.-rel.

264 *bis.* Atlas des éléments de botanique de Piton de Tournefort, 2 vol. in-8, br. (*489 planches.*)

265. Nouveaux éléments de botanique et de physiologie végétale (6ᵉ édit.), par Richard. *Paris,* 1838, in-8, dem.-rel., nomb. fig. dans le texte.

266. Eléments de physiologie végétale et de botanique, par Brisseau-Mirbel. *Paris,* 1815, 2 vol. in-8, et 1 vol. *de planches,* dem.-rel., n. rog.

267. C. Bauhini Pinax theatri botanici, sive index in Theophrasti, Dioscoridis, Plinii ..... opera, etc. *Basillæ,* 1671, in-4, v. gr. (*avec annotat. ms.*)
Ouvrage recherché.

268. Thesaurus litteraturæ botanicæ omnium gentium, curavit Pritzel. *Lipsiæ,* 1851, in-4, dem.-rel. vél., v., n. rog.

269. Bibliotheca botanica, sive catalogus auctorum et librorum omnium qui de re botanica, de medicamentis ex vegetabilibus paratis ..... à J. F. Seguierio. Accessit bibliotheca botanica. *Hagæ-Comitum,* 1740, in-4, bas.

270. De historia stirpium commentarii insignes, Leonharto Fuchsio, cum quintuplici indice, græcas, latinas, herbariis seu off. usitatas, gallicas et italicas nomenclaturas continente. *Lugduni, apud J. Tornæsium,* 1555, in-16, vél.

271. Richard (L. C.) commentatio botanica de conifereis et cycladeis, characteres genericos singulorum utriusq. familiæ ..... Opus posthumum ab Achille Richard filio, perfectum et in lucem editum. *Stutgar-*

diæ, sumptibus J. G. Cottæ, ex typog. Renouard,
1826, gr. in-4, cart. n. rog. (En latin et en français.)
Planches.

Bel exemplaire sur papier vergé.

272. Principes de botanique expliqués au lycée républicain, par Ventenat. *Paris*, in-8, dem.-rel., *figures
coloriées.*

273. Botanique, histoire naturelle, etc. 15 vol. et br.,
in-12.

Traité des pépinières.—Manière de planter les arbres.—Traité de la
greffe.—La nutrition des végétaux.—Sur la taille des arbres fruitiers
(1773).—De la fécondation naturelle des végétaux.—L'art de faire les
boutures.—Botanique de Jussieu.—Nouveau langage des fleurs.

274. Botanique, horticulture, etc. 8 vol. et br.
Sur l'ornement des jardins, 1818.—Essais sur la végétation, par Du
Petit-Thouars.—Composition des parcs et jardins, par Lalos.—Sur la
végétation, par Ville.—Etc.

275. Leçons de Flore, cours complet de botanique, par
Poiret et Turpin. *Paris, Panckoucke*, 1819, 3 tom. en
2 vol. in-8, dem.-rel., mar. v. *Nombreuses planches
coloriées.*

276. Flore françoise, ou Description succincte des plantes
qui croissent naturellement en France, par de Lamarck. *Paris, I. R.*, 1778, 3 vol. in-8, v. m. *Planches.*
Livre estimé.

277. Flore des plantes qui croissent dans les départements du Haut et Bas-Rhin, par Stolz. *Strasbourg*,
1802. Et quatre autres brochures sur les arbres et
forêts. En 1 vol. in-8, dem.-rel.

278. Flore de Lorraine, par le docteur Godron. *Nancy*,
1843, 3 tom. en 1 vol. gr. in-12, dem.-rel.

279. Nouvelle Flore de la Moselle, par Holandre. *Metz*,
1842, 2 tom, en 1 vol. in-12, br.

280. La Flore et la Pomone françaises, ou histoire et
figure en couleur des fleurs et des fruits de France ou
naturalisés sur le sol français, par Jaume Saint-Hi-

laire. *Paris*, 1828 , gr. in-8 , cart., *figures coloriées* (*tome I*^{er}).

281. Flore française , ou Descriptions succinctes de toutes les plantes qui croissent naturellement en France, par de Lamarck et de Candolle. *Paris, Desray*, 1815, 6 vol. gr. in-8, dem.-rel. , mar. rou. , n. rog., *planches.*

282. La Flore sainte, et apologie de Flore et des floristes, contre les critiques, avec un traité de la culture des principales fleurs, par de l'Ecluse. *Saumur*, 1675, pet. in-12, vél., *fig.*

283. Traité des œillets (par le **P.** d'Ardène de l'Oratoire). *Avignon*, 1762, in-12, rel., *figures.*

284. Histoire des Roses, par Ch. Mâlo. *Paris , s. d.,* in-18, cart., *fig. color.*

285. Les roses peintes, par P. J. Redouté, décrites par C. A. Thorry. *Paris, Panckoucke*, 1824, 2 vol. gr. in-8, cart., *fig. color.*

286. Le Floriste françois, traittant de l'origine des tulipes, de l'ordre qu'on doit observer pour les cultiver et planter . . . . . avec un catalogue des noms des tulipes, et distinctions de leurs couleurs, par le s^r de la Chesnée Montereul. *Caën , El. Mangeant,* 1654, in-8, mar. br., tr. dor. , rel. jans.

Livre curieux et fort rare. Précédé de quelques pièces de vers adressées à l'auteur, signées : de Scudéry, Tristan l'Hermite, de Brieux, de Malherbe, de la Crette, Bellenger, de Sainte-Honorine, Charsonville, Beaussieu, Le Marchand.

HISTOIRE DES PLANTES ET DES ARBRISSEAUX.

287. Recherches sur l'usage des feuilles dans les plantes, par Ch. Bonnet. *Gottingue,* 1754, in-4, v, m., *quantité de planches.*

288. De natura stirpium libri tres, J. Ruellio authore.

cum indice omnium universi operis observat. dignio-
rum copiosiss. *Basileæ*, 1543, in-fol. vél.

Superbe exemplaire papier vergé.

289. Plantarum, seu stirpium icones. *Antverpiæ, ex
officina Christof. Plantini*, 1581, in-4, obl. v. gauf.,
reliure du temps, *nombreuses planches finement gravées en bois*. RARE.

290. Traités très-rares, concernant l'histoire naturelle
et les arts, publ. par Buc'hoz. *Paris*, 1780, in-12,
dem.-rel., mar. vert, n. rog.

Origine des macreuses. Traité de l'Adianton ou cheveu de Vénus, con-
ténant la description, les utilitez, etc., de cette plante.

291. Traité de l'origine des macreuses, par de Grain-
dorge, et mis en lumière par Th. Malouïn. *Caen*,
1680, in-12, v. mar.

292. Adriani Spigelii isagoges in rem herbariam,
libri II. *Lugd.-Batav., Elzevir.*, 1633, in-16, vél.

293. Theophrasti de historia plantarum, lib. IX et
decimi principium duntaxat, et de causis plantarum,
lib. VI, habent. hoc, vol. hæc Theodoro Gazo interprete. *S. l. n. d.*, in-8, vél., tr. dor.

294. Histoire des plantes nouvellement trouvées en l'île
Virgine et autres lieux, lesquelles ont esté prises et
cultivées au jardin de M. Robin, arboriste du Roy.
Paris, G. Macé, 1620, in-16, mar. br., *figures*.

295. Historia plantarum, earum imagines, nomencla-
turæ, qualitates et natale solum, auct. Ant. Pinæus.
Lugduni, 1561, in-16, dem.-rel. vél., *figures dans le
texte. (Rare.)*

296. VÉGÉTATION, 7 vol. et br. in-8 et in-12, br.

Histoire des végétaux, par de Caylus.—Recherches sur la végétation,
par Bouchardat.—Des températures végétales, par Rameaux.—Anatomie végétale, par Féburier.—Marche de la végétation, par Regneault.
—Sur la nature de la végétation, par Brongniart.—Etc.

297. Mémoires p. s. à l'hist. anatomique et physiologi-
que des végétaux et des animaux, par Dutrochet.
Paris, 1837, 2 vol. in-8, et *atlas de planches*, br.

298. Anatomie comparée des végétaux, comprenant les plantes aquatiques, aériennes, parasites, etc., par G. A. Chatin. *Paris,* 1836-62, liv. 1 à 12, *avec un grand nombre de planches.*

299. Discours sur la végétation des plantes, par le chev. Digby, trad. en françois. *Paris,* 1667, in-12, v. br.

300. Anatomie des plantes, qui contient une descript. exacte de leurs parties et de leurs usages, et qui fait voir comment elles se forment et comment elles croissent, trad. de l'anglois de Grew par Levasseur. *Paris,* 1675, in-12, v. mar. *Figures.*

301. Phytognomonica J. Baptistæ Portæ Neapol., VIII libris contenta. *Francofurti, Wechelum,* in-8, dem.-rel. *Portrait et figures en bois.*

302. Traité théorique et pratique de la végétation, par Mustel. *Paris,* 1781, 4 vol. in-8, v. m.

303. Nouveau Traité physique et économique, par forme de dissertations de toutes les plantes qui croissent sur la surface du globe, par Buc'hoz. *Paris,* 1787, 2 tomes en 1 vol. in-fol., dem.-rel., m. v. *Figures coloriées.*

304. Recherches générales sur l'organographie, la physiologie et l'organogénie des végétaux, par Ch. Gaudichaud. *Paris, I. R.,* 1841, in-4, cart. *Planches coloriées.*

305. Histoire admirable des plantes et herbes esmerveillables et miraculeuses en nature : mesmes qui sont vrays zoophytes ou plant'-animales, plantes et animaux tout ensemble......, avec leurs portraicts au naturel, selon les histoires, etc., par Claude Duret. *Paris, N. Buon,* 1605, in-8, vél. *Figures* (mouillé).

306. Manuel général des plantes, arbres et arbustes, comprenant leur origine...... et classés selon la méthode de Decandolle, par Jacques et Herincq, par

Duchartre. *Paris*, 1847-1857, 4 forts vol. in-8, dem.-rel.

307. Physiologie végétale, cont. une description des organes des plantes, etc., par J. Senebier, *Genève, an VIII*, 5 vol. in-8, br.

308. Des Végétaux résineux, tant indigènes qu'exotiques, ou Description complète des arbres, arbrisseaux, arbustes et plantes qui produisent des résines, augm. de divers procédés, par Duplessy. *Paris*, 1802, 4 vol. in-8, br.

309. Etat général des végétaux originaires, ou moyen pour juger, même de son cabinet, de la salubrité de l'atmosphère, de la fertilité du sol et de la propriété des habitants dans toutes les localités de l'univers, par le docteur J. Lavy. *Paris*, 1830, in-8. dem.-rel.

310. Monographie du thé, par Houssaye. *Paris*, 1849, in-8, cart. 18 *planches*.

311. Notice des arbres et arbustes qui croissent naturellement, ou qui peuvent être élevés en pleine terre dans le Limousin, par Juge de Saint-Martin. *Limoges*, 1790, in-8, br.

312. Traité complet des fruits de toute espèce, par Couverchel. *Paris*, 1852, in-8.

313. Monographie ou Histoire naturelle du genre groseiller, par C. A. Thory. *Paris*, 1829, in-8, br. *Portrait et planches coloriées*.

HISTOIRE DES ARBRES ET ARBUSTES.

314. La Physique des Arbres, où il est traité de l'anatomie des plantes et de l'économie végétale, par Duhamel du Monceau. *Paris*, 1758, 2 vol. in-4, v. mar. *Nombreuses planches*.

315. Représentation des bois, des arbres et arbrisseaux, tant du pays qu'étrangers, rassemblés dans les cabi-

nets, avec leurs noms en *hollandais, allemand, anglais, français et latin*, avec le suppl. *Amst., Sepp,*
1773, in-4, dem.-rel, 106 *planches coloriées.*

316. Traité des arbres et arbustes qui se cultivent en
France, en pleine terre, par Duhamel du Monceau.
Paris, 1755, 2 vol. in-4, v. gr. *Figures.*

317. Traité des arbres, arbrisseaux et arbustes de nos
forêts, par Oelhafen. *Nuremberg,* 1775, 3 part. en
1 vol. in-4, cart, *Figures gravées et coloriées,* (En
allemand.)

La traduction, en français, de la première partie, se trouve jointe au
volume.

318. Traité des arbres, arbrisseaux et arbustes de nos
forêts, par Oelhafen, trad. par G. Benistant. *Nuremberg,* 1775, in-4, v. m, fil. *Figures gravées et coloriées.*

Première partie seule traduite.

319. Histoire des arbres et arbrisseaux qui peuvent
être cultivés en pleine terre sur le sol de la France,
par Desfontaines. *Paris,* 1809, 2 vol. in-8, dem.-rel.

320. Traité des arbrisseaux et des arbustes cultivés en
France et en pleine terre, par Jaume Saint-Hilaire.
Paris, 1825, 2 vol. gr. in-8, (pap. in-4). dem.-rel.,
n. rog. *Enrichi de figures imprimées en couleur et retouchées au pinceau.*

Avec envoi et signature de l'auteur.

321. Traité des arbres et arbustes que l'on cultive en
pleine terre en Europe, et particul. en France, par
Duhamel ; seconde édit., augmentée de plus de moitié,
pour le nombre des espèces, rédigé par Veillard,
Jaume Saint-Hilaire, etc. *Paris, Roret,* 7 vol. pet.
in-fol., cart., éb.

Bel exemplaire de cet important ouvrage, orné de 498 planches, figures soigneusement coloriées.

322. Les arbres et arbrisseaux d'Europe et leurs insectes, par J. Macquart. *Lille,* 1852, in-8, dem.-rel.,
v. viol., n. rog.

323. De varia quercus. Historia accessit Pylati Montis descriptio, authore J. du Choul. *Lugdini, G. Rouillium,* 1555; pet. in-8, dem.-rel., v. fauve.

324. P. Belloni Cenomani de arboribus coniferis, resiniferis, aliis..... sempiterna fronde virentibus. Item de melle cedrino, cedria, etc. *Parisis, apud Prevost,* 1553, pet. in-4, dem. -rel. m. La Vall., non rog. *Figures.*

325. Tractatus de arboribus coniferis et pice conficienda, aliisque ex illis arboribus provenientibus, in lucem editum J. Conrado Axtio. *Ienæ,* 1679, pet. in-12, dem.-rel. mar.

326. Traité des arbres résineux conifères, trad. de l'anglois, par le baron de Tschudi. *Metz,* 1768, in-8, v. f., d., tr. dor. *Figure.*

327. Traité pratique des arbres résineux conifères à grandes dimensions, par le marquis de Chambray. *Paris,* 1845, gr. in-8, dem.-rel. (*avec planches*).

328. Traité général des conifères, ou Description de toutes les espèces et variétés aujourd'hui connues, avec leur synonymie, par Carrière. *Paris,* 1855, in-8, br.

329. Du genêt considéré sous le rapport de ses différentes espèces, etc., par Thiebaud de Berneaud. *Paris,* 1810, in-8, cart.

330. Catalogue latin et françois des arbres et arbustes qu'on peut cultiver en France, et qui peuvent résister en pleine terre pendant l'hiver, par Buc'hoz. *Londres,* (*Cazin*), 1785, pet. in-12, maroq. rou., fil., tr. dor. (*Derome*).

Ex libris F. Duhamel.

331. Essai sur les qualités et propriétés des arbres, arbrisseaux, arbustes et plantes ligneuses qui croissent dans le départ. du Nord, par Hecart. *Valenciennes, Varlé,* in-4, br.

232. Dissertation sur la propriété des arbres des grandes

routes et des chemins vicinaux; sur les nouvelles plantations, etc., par Guichard. *Paris*, 1834, in-8, dem.-rel. v. ánt.

333. Flore forestière, Description et histoire des végétaux ligneux qui croissent spontanément en France et des essences importantes de l'Algérie; suivies d'une méthode analytique pour en déterminer les principales espèces pendant l'hiver, etc., par A. Mathieu. *Paris*, 1860, in-8, dem.-rel. maroq. vert.

334. Le même, 1ʳᵉ édit. 1858, in-8, dem.-rel. maroq. br.

335. Mémoire sur l'hist. naturelle du chêne; sur la résistance des bois à être rompus par le poids..., par de Secondat. *Paris, De Bure*, 1785, in-fol., dem.-rel. *Planches*.

336. Description des bois, des essences forestières les plus importantes, par A. Mathieu. *Nancy*, 1855, in-8, br., et un étui renfermant 60 échantillons naturels des bois.

337. Traité des arbres forestiers, par Jaume Saint-Hilaire, préc. d'une introd. sur la culture des arbres, par Thouin. *Paris*, 1824, gr. in-8, dem.-rel. mar. v. *Figures imp. en couleur et retouchées au pinceau.*

338. Histoire des arbres forestiers de l'Amérique septentrionale, par André Michaux. *Paris*, 1810-13, 3 vol. gr. in-8, dem.-rel., n. rog. *Nombreuses planches, jolies figures très-bien coloriées.*

339. Histoire des chênes de l'Amérique, ou descriptions et figures de toutes les espèces et variétés de chênes de l'Amérique septentrionale, par André Michaux. *Paris, an IX.*(1801), in-fol. cart., n. rog. *Planches.*

340. Catalogue alphabétique des arbres et arbrisseaux qui croissent natur. aux Etats-Unis de l'Amérique, trad. de l'angl. de Humphry. *Paris*, 1788, in-8, br.

341. Querschnitte von hundert Holzarten... Sections transversales de cent sortes de bois, tant d'Europe qu'étrangers, par Nœrdlinger. *Stuttgart et Augsbourg*, 1856, in-12, dans un étui avec les échantillons des bois.

ZOOLOGIE.

QUADRUPÈDES. — OISEAUX. — POISSONS. — INSECTES. COQUILLAGES. — MONSTRES.

342. Aristotelis de natura animalium lib. IX ; de partibus animalium lib. IIII ; de generat. anim. lib. V ; Theophrasti de historia plantarum lib. IX et decimi principium duntaxat ; ejusd. de causis plantarum lib. VI... Th. Gaza interprete. *Venetiis, Aldiis,* 1504, in-f. vél.

343. G. Charletoni exercitationes de differentiis et nominibus animalium... ; edit. secunda. *Oxoniœ,* 1677, pet. in-fol. vél. gr. *Figures.*
C'est la meilleure édition.

344. Observations physiques et morales sur l'instinct des animaux, par Hermann Samuel Reimar, trad. de l'all. *Amst.,* 1770, 2 vol. in-12, v. mar.

345. Differentiæ animalium quadrupedum secundum locos communes, opus ad animalium cognitionem opprime conducibile, J. Fabricio authore. *Tiguri,* 1555, in-8, dem.-rel., maroq. viol.

346. Mémoire p. s. à l'histoire du lion, de la lionne, du caméléon, de l'ours, de la gazelle, du chat-patard, du renard marin, du loup-cervier, etc., par Ch. Pérault. *Paris,* 1700, in-fol. cart., n. rog. 12 *figures.*

347. Prospectus d'un cours complet d'hippotomie ou anatomie du cheval et de pathologie, par Dedelay d'Agier. *Nancy, v^e Leclère,* 1778, in-8, br.

348. Bartholini de unicornu observat. novæ ; access. de

aureo cornu Olaï Wormii. *Patavii*, 1645, pet. in-8.
vél. *Fig. grav. à l'eau-forte.*

349. Christ. F. Paullini lagographia curiosa, seu leporis
descriptio. *Aug.-Vendelicorum*, 1691, in-8, v. gr.
Fig.

350. Joannis Caii Britanni de canibus britannicis liber ;
de rarior. animalium et stirpium historia liber ; de
pronunciat. græcæ et latinæ linguæ ; a Jebb. *Londini*, 1729, in-8, v. gr.

Exemplaire sur papier fin.

351. Éloge de chiens favoris avec plusieurs anecdotes
sur l'intelligence des bêtes, par l'auteur de Philozoïa.
Bruxelles, 1848, in-12, dem.-rel., mar.

352. Des petits chiens de dames, spécialement de l'épa-
gneul nain, par A. Bonnardot. *Paris*, 1856, pet. in-18,
dem.-rel. mar. rou., n. rog., tête d'or.

353. L'histoire de la nature des oyseaux, avec leurs descriptions et naïfs portraicts retirez du naturel : escrite
en VII livres par P. Belon, du Mans. *Paris, Guillaume Cavellat*, 1555, in-fol. dem.-rel. Titre raccommodé, mais auquel on a laissé son intégrité. *Portraits
et figures en bois.*

Livre recherché, peu commun.

354. Ornithologie abrégée de la France. *Neuwied-sur-
le-Rhin*, 1794, in-4, cart. 133 *planches.*

355. Observations sur le vol des oiseaux de proie, par
Huber, de Genève. *Genève*, 1784, in-4, dem.-rel. *Figures.*

356. Nouvel essai sur l'oisellerie, calqué sur les températures analogues à celle extraordinaire de 1816, par
F. Petit, ou hist, naturelle des oiseaux. *Ypres*, 1847,
in-8. dem.-rel., mar. viol.

357. Naturgeschichte des Fasans (monographie du faisan). *Francfort*, 1780, in-8, dem.-rel.

358. Du faisan, par L. Bertrand. *Paris*, 1851. — Des dispositions et constructions des faisanderies, etc., par Cointeraux, 1805. 2 br. in-8, dem.-rel.

359. Cœnarium helena, seu anguilla, juxta methodum et leges. — Talpa, juxta methodum et leges, descripta a Fr. Pallini. *Francofurti*, 1689, 2 part. en 1 vol. in-12, v. gr.

361. Première et seconde partie de l'histoire entière des poissons, composée premièrement en latin par maistre Guilaume Rondelet ; trad. en françois (par Laurent Joubert). *Lion*, 1558, 2 part. en 1 vol. in-4, rel. *Figures*.

362. Francisci Redi Patritii Aretini experimenta circa generationem insectorum. *Amst.*, 1671, in-12, vél. *Planches*.

363. Nomenclatur und Beschreibung der Insecten.... ou Nomenclature et description des insectes dans le comté de Hanau-Münzenberg, de Wettereau et des pays avoisinants; par Benignus Bergstræszer. *Hanau*, 1778-79. 2 vol. in-4. *Nombreuses figures coloriées.* — Betrachtung der Wunder Gottes.... ou considération sur les merveilles de Dieu dans les animaux qui restent inaperçus, ou les insectes des Pays-Bas, etc., par Ch. Sepp. *Leipzig*, 1783, 1ᵉʳ vol. en 4 part. cart. *Figures coloriées*.

364. Die Schmetterlinge in abbildungen nach der natur, mit Beschreibungen von J. E. Esper. *Erlangen*, 1777, 2 vol. in-4. bas. *Nombreuses planches coloriées.*

365. Lettre à Julie, sur l'entomologie, par Mulsant. *Lyon*, 1830, 2 vol. in-8, br. *Pap. vélin. Pl.*

366. Nouvelles observations sur les abeilles, par Huber. *Genève*, 1792, in-8, dem.-rel. 2 *planches*.

367. La flore des insectophiles, précédée d'un discours sur l'utilité des insectes et de l'étude de l'insectologie, par J. Brez, *Utrecht*, 1791, in-8, br.

368. Traité anatomique de la chenille qui ronge le bois par P. Lyonnet. *La Haye*, 1762, in-4, dem.-rel. *Planc.*
Monographie estimée.

369. Histoire naturelle des fourmis, et recueil de mémoires et d'observ. sur les abeilles, les araignées, les faucheurs et autres insectes, par P. A. Latreille. *Paris*, 1802, in-8, dem.-rel. *Planches.*

370. Insectes, animaux nuisibles, etc. 9 broch. in-8.

371. Marcelli Malpighii, philosophi et medici dissertatio epistolica de bombyce. *Londres*, 1669, in-4, v. mar. *Figures.*

372. Essai sur l'hist. naturelle des corallines et d'autres productions marines des côtes de la Grande-Bretagne et d'Irlande, par J. Ellis, trad. de l'anglois (par Allamand). *La Haye*, 1756, gr. in-4, rel. *Planches coloriées.*

373. Traité des dragons et des escarboucles, par J. B. Panthot. *Lyon, Th. Amaulry*, 1691, in-12, mar. v. jans., tr. dor. (*Duru.*)

AGRICULTURE.

AUTEURS LATINS, FRANÇAIS ET ÉTRANGERS, ANCIENS ET MODERNES.

374. Rei rusticæ scriptores : Marcus Priscus Cato lib. I; Marcus Terentius Varro lib. III; Lutius Junius Moderatus Columellæ lib. XIII; Palladius Rutilius Taurus Æmilianus lib. XIII. *Rhegii, opera et impensis Barthol. Bruschii*, 1482, in-fol., cart.
Édition non chiffrée. Bel exemplaire. Rare.

375. Libri de re rustica, a Nic. Angelio, uiro consummatissimo, nuper maxima diligentia recogniti et typis excusi, cum indice et expositione omnium dictionum, Catonis, Varonis, Columellæ, Palladii, quæ aliqua enucleatione indigebant. *Florentiæ, impress. Philipp. Juntæ*, 1515, pet. in-4, mar. viol.
Impression en caractères italiques, avec les grandes lettres de diverses couleurs. —Exemplaire papier de Hollande, lavé-réglé.

376. Libri de re rustica. M. Catonis lib. I; M. Terentii

Varronis lib. III; Columellæ lib. XIII; Palladii lib. XIII. *Aldus*, 1533, pet. in-4, mar. br., rel. jans.,tr. dor. ombrée. (*Hardy.*)

377. De agricultura, omnibusque plantarum et animalium generibus, libri XII, in quibus nihil non experientia comprobatum, etc., autore optimo agricola Petro Crescentiensi. *Basileæ*, 1538, in-4, dem.-rel.

378. L. Junii Moderati Columellæ, de re rustica libri XII. Ejusdem de arboribus liber, separatus ab aliis. *Lugd., apud Seb. Gryphium*, 1541, in-8, v. mar.

379. Prædium rusticum in quo cuiusuis soli vel culti vel inculti plātarum vocabula ac descript. earumque conferedarum atque excolendarum instrumenta suo ordine describuntur .*Lutetiæ, Stephanum*, 1554, in-8, dem.-rel. mar. La Val.

380. Secretorum agri enchiridion primum, hortorum curam, auxilia, secreta, et medica præsidia inventi prompta, ac paratu facilia, libris tribus pulcherrimis complectens : autore Ant. Mizaldo. *Lutetiæ, F. Morellum*, 1560. in-8, vél.

381. Rei rusticæ libri quatuor... unâ cum appendice oraculorum rusticorum Coronidis vice adjecta. Item, de venatione, aucupio atq. piscatione, etc. auctore Conrado Heresbachio. *Coloniæ*, 1570, pet. in-8, cart.

382. ΕΚΛΕΚΤΑ ΓΕΩΡΓΙΚΑ, sive opuscula quædam de re rustica, part. collecta, part. composita a J. Camerario. *Noribergæ*, 1596, pet. in-8, v. mar. *Fig.*

383. Brevis rei rusticæ descriptio, edita a J. A. Rizhaub. *Gissæ*, 1786.—Syntagma de rebus rusticis et œconomicis... a Wolfgango. *Erfordiæ*, 1735; en 1 vol. in-12, v. mar.

Sur la garde : une pièce de vers manuscrite dédiée aux cultivateurs, par Fr. de Neufchâteau, avec sa signature.

384. Scriptores rei rusticæ veteres latini : Cato, Varro, Columella, Palladius... et lexicon rei rusticæ, curante M. Gesnero. *Lipsiæ*, 1735. 2 vol. in-4 vél. *Joli frontispice de B. Picart.*

385. Les douze livres J. M Columella, des choses rus-
tiques, trad. de lat. en françois, par C. Cotereau...
doctes annotations par J. Thierry de Beauvoisis. *Paris,
Kerver*, 1555, in-4, cart. *Titre gravé en bois.*

386. Les remonstrances sur le default du labour et culture des plantes, et de la cognoissance d'icelles, par
P. Bellon, du Mans. *Paris, Gilles Corrozet*, 1558,
pet. in-8, mar. r., fil., tr. dor. *Portrait.*
Bel exemplaire, relié par Simièr.

387. Quatre traictez utiles et delectables de l'agriculture.
Le premier traicte de la maniere de planter, arracher,
labourer, semer...; le second, de la maniere d'enter,
planter et nourrir arbres et jardins, par Gargole de
Corne, Florentin; le tiers, de la maniere de semer, et
faire pépinières... par F. Dany; le quart, de l'art
d'enter, planter et cultiver jardins, par Nicolas du
Mesnil. *Paris, Ch. L'Angelier*, 1560, pet. in-8, rel.
jans., maroq. La Vall., tr. dor.
Charmant exemplaire de ce livre curieux et rare.

388. L'agriculture et maison rustique de Charles Estienne, docteur en médecine. En laquelle est contehu
tout ce que peut estre requis pour bastir maison cham-
pestre... plus un bref rec. des chasses du cerf, du
sanglier, du lièvre... *Paris*, 1567, in-4, vél., n. rog.

389. Secrets de la vraye agriculture, et honnestés plaisirs
qu'on reçoit en la mesnagerie des champs, pratiquez
et experimentez tant par l'autheur qu'autres experts
en ladicte science, divisé en XX journées par dialogues,
trad. en françois de l'italien de mes. Aug. Gallo par Fr.
de Belle-Forest. *Paris, Chesneau*, 1571, in-4, v. mar.

390 La Colombière et maison rustique de Philibert
Hegemont, de Châlon-sur-Saône; l'abeille françoise;
fables morales et autres poësies, et les louanges de la
vie rustique, extraites des œuvres de G. de Saluste,
sieur du Bartas. *Paris, Robert Le Fizelier*, 1583, pet.
in-8, de IV et 76 ff., mar. vert, doublé de mar. rou.,
larges dentelles, jans., tr. dor. (*Capé*).
Charmant exemplaire de ce recueil peu commun.

391. Le theatre d'agriculture et mesnage des champs d'Olivier de Serres, seigneur du Pradel ; 3ᵉ édit, rev. et augm. *Paris*, 1615, in-4, parch. *Titre gravé, fig*.

392. La maison rustique française. Encyclopédie des campagnes, par H. de Dombasle. *Paris*, 1855, 2 vol. in-8. *Planches*.

393. Histoire de l'agriculture depuis les temps les plus reculés jusqu'à la mort de Charlemagne. Doc. inédits sur l'histoire des Gaulois, etc. ; par V. Cancalon. *Limoges*, 1857, in-8, dem.-rel., mar. v., éb.

394. De l'agriculture des anciens, par Adam Dickson ; trad. de l'anglois (par M. Paris). *Paris*, 1802, 2 vol. in-8, cart. à la Bradel. *Figures*.

395. Essai sur l'agriculture moderne, dans lequel il est traité des arbres, arbrisseaux, etc. (par l'abbé Nollin et Blavet). *Paris*, 1755, in-12, v. gr.

396. Dictionnaire universel d'agriculture et de jardinage, de fauconnerie, chasse, pêche, cuisine et manége (par La Chesnaye des Bois). *Paris*, 1751, 2 vol. in-4, v. gr. *Planches*.

397. Principes raisonnés d'agriculture, trad. de l'allemand d'A. Thaer, par E. V. B. Crud. *Paris*, 1811, 4 t. en 2 vol. in-4, bas, et atlas de 1821, dem.-rel.

398. L'Agriculture parfaite, ou nouvelle découverte, touchant la culture et la multiplication des arbres, des arbustes et des fleurs, par Agricola, trad. de l'all. *Amst.*, 1720. *Pl. finement grav. et airs de chasse notés*.

399. Principes d'agriculture appliqués aux diverses parties de la France; par L. Gossin. *Paris, Lacroix et Baudry*, gr. in-4, br. (p. vél.). *Carte color. et planches*.

400. Encyclopédie méthodique. Agriculture, par Tessier, Thouin et Bosc. — Arbres et arbustes, par Bosc et Baudrillard. *Paris*, 1821, 2 part. in-4, cart.

401. Encyclopédie pratique de l'agriculteur, publ. par F. Didot frères, sous la direction de L. Moll. *Paris, F. Didot*, 1859-61, 5 vol. in-8 à 2 col., br. *Illustré de nombreuses figures*.

402. Le gentilhomme cultivateur, ou Cours complet
d'agriculture, trad. de l'anglois de Hale, par Dupuy
Demportes. *Paris*, 1761, 8 t. en 4 vol. in-4, dem.-rel.
ch. v. *Planches.*

403. Le botaniste cultivateur, ou description, culture
et usages de la plus grande partie des plantes étran-
gères, etc., par G. L. M. du Mont de Courset. *Paris*,
1811-14, 7 vol. in-8, v. gr., fil., tr. dor. *Plan et
figures.*

404. Instructions de morale, d'agriculture, etc., par
Froger. *Paris*, 1769. — Eléments de jardinage. *Metz*,
1786. En 1 vol. in-12, cart.

Exemplaire de François de Neufchâteau, avec deux pages manuscrites
de sa main.

405. L'art de s'enrichir par l'agriculture, en créant des
prairies, par H. Pellault. *Paris*, 1845, in-12, dem.-
rel., mar. rou. *Figures.*

406. L'agriculture et la population en 1855 et 1856, par
L. de Lavergne. *Paris*, 1857, in-12, dem.-rel., mar.
vert. (*Avec lettre autographe de l'auteur.*)

407. Manuel populaire d'agriculture pratique, par
E. Jacquemin. *Paris*, 1851, in-12 obl., dem.-rel.
mar. viol., n. rog.

408. Mise en valeur des terres pauvres par le pin
maritime, par A. Boitel. *Paris*, 1857, in-8. *Planche.*

409. Agriculture; 12 vol. in-12, br.

Éléments de chimie agricole, par Sace.—L'art de trouver des trésors
réels dans les campagnes, par Legras de Saint-Germain. *Bruxelles*, 1811.—
Chimie agricole, par Malaguti.—Chimie agricole et géologie, par John-
ston.—Philosophie rurale, par Mirabeau.—Essai d'agriculture, par un
cultivateur, à Vitry-sur-Seine.—Etc.

410. Chimie appliquée à l'agriculture, par le comte de
Chaptal. *Paris*, 1829, 2 vol. in-8, br.

411. Agriculture de la France, 6 vol. in-8, br.

De l'agriculture dans les pays montueux, par Costa.—Améliorations
dans l'agriculture (Hautes-Alpes), par Farnaud, 1811.—Améliorations
d'agriculture dans les sols sablonneux, par le comte d'Ourches, 1848.—
Sur l'agriculture de la Lozère, 1831.—Voyage agricole dans les Vosges,
par Mathieu, 1821.—De l'agriculture, par Mahul. 1846.

412. *Agriculture.* 42 br. in-8, sur l'agriculture en France, publ. de 1800 à 1849.

413. Agriculture en Lorraine et dans les Vosges, 7 br. in-8.

414. Essai sur les moyens d'améliorer l'agriculture en France, par de Morogues. *Paris*, 1822, 2 vol. in-8, brochés.

415. Des travaux publics dans leurs rapports avec l'agriculture, par A. Dumont. *Paris*, 1847, in-8, br.

416. Notes économiques sur l'administration des richesses, et la statistique agricole de la France, par Royer. *Paris*, 1843, in-8, br.

417. Traité des amendements, par A. Puvis. *Paris*, in-8, br.

418. Des vrais principes d'économie rurale et de leur application, par Du Charmel, *Paris*, 1835, in-8, br.

419. Examen des principes les plus favorables aux progrès de l'agriculture, des manufactures et du commerce en France, par L. D. B. (Louis de Boislandry), *Paris*, 1815, 2 vol, in-8, cart., n. rog.
On a joint à cet exemplaire deux billets autographes de l'auteur.

420. Recueil de pièces en 1 vol, in-8, dem.-rel.
Mémoires sur le blé de Smyrne, autrement blé d'abondance, par Buc'hoz, 1804.—Mémoire sur la Melaleuque.—Avantages qu'on peut tirer des plantes, même les plus suspectes, 1806.—Dissertations sur le cèdre du Liban, le platane et le cytise, 1806.

421. Drainage des terres arables, par J. A. Barral. *Paris*, 1856, 4 vol. in-12, dem.-rel., mar. vert. *Figures.*

422. Cours de culture, comprenant la grande et la petite culture des terres, celle des jardins, les semis et plantations, la taille, la greffe des arbres, etc., par A. Thouin, publ. par O. Leclerc. *Paris*, 1827, 3 vol. in-8, et *atlas de planches* in-4, dem.-rel., mar. viol.

423. Voyages agronomiques en France, par Lullin de Châteauvieux, publ. par Naville de Châteauvieux. *Paris*, 1843, 2 vol. in-8, cart. *Carte.*

4

424. Voyages agronomiques dans la sénatorie de Dijon, cont. l'exposition du moyen.... pour corriger l'abus de la désunion des terres, etc., par N. François (de Neufchâteau.). *Paris*, 1806, in-4, br. *Plan colorié.*

425. Tableaux de la vie rurale, ou l'agriculture enseignée d'une manière dramatique, par Desormeaux. *Paris*, 1829, 3 vol. in-8, cart.

426. Statistique de l'agriculture de la France, par Moreau de Jonnès. *Paris*, 1848, in-8, br.

427. Pièces diverses, relatives à l'agriculture (par François de Neufchâteau), en 1 vol. in-8, dem.-rel.

Les lectures du citoyen.—Des améliorations dont la paix doit être l'époque.—Rapport sur le perfectionnement de la charrue.—Correspondance sur le pain et le maïs, etc., etc.

428. Traité économique et physique du gros et menu bétail, cont. la description du cheval, de l'âne, etc., par Buc'hoz. *Paris*, 1778, 2 vol. in-12, bas.

429. Agriculture. Agriculture complète, ou l'art d'améliorer les terres, trad. de l'anglois de Mortimer. *Londres*, 1772, 2 vol. — Eléments d'agriculture, par Duhamel Du Monceaux. *Paris*, 1762, 2 vol. *Planches.* — Essai sur l'amélioration des terres (par Patullo). *Paris*, 1758. — Instructions familières sur la culture des terres, par Thierriat. *Paris*, 1763.—Lettres d'un gentilhomme à ses amis, sur l'emploi de ses biens et de ses revenus, 1784. — L'art d'augmenter et de conserver son bien, ou règles pour l'administration d'une terre, 1784. Ens. 8 tomes en 7 vol. in-12 et in-18, *reliés.*

430. De la pratique de l'agriculture, par Douette-Richardot. *Paris*, 1806. — Coup d'œil sur le sol, le climat et l'agriculture de la France, par Yvart. *Paris*, 1807, en 1 vol. in-8, cart.

431. L'art de multiplier les grains, ou tableau des expériences qui ont eu pour objet d'améliorer la culture des plantes céréales, etc., par F. de Neufchâteau. *Paris*, 1809, 2 vol. in-12, cart., n. rog. — Résultats

des expériences sur la carotte et le panais en plein champ, par le même. *Paris*, 1804, in-12, dem.-rel. Ens. 3 vol.

432. Traité de la conservation des grains (avec le supplément), par Duhamel du Monceau. *Paris*, 1753-65, 2 vol. in-12, v. m., pl.

433. Supplément au Traité de la conservation des grains, par Duhamel du Monceau. *Paris*, 1765, in-12, mar. rou., tr. dor.

Aux armes du duc de Choiseul.

434. Annuaire du cultivateur, pour la troisième année de la République, par Romme. *Paris*, *an III*, in-8, dem.-rel. (Avec le calendrier républicain.)

435. L'agriculteur praticien. Revue de l'agriculture française et étrangère (1854-61). *Paris*, *A. Goin*, 1854, 6 vol. et livr. in-8.

436. L'année agricole, par Heuzé. *Paris*, 1860-61, 2 vol. in-12, br. *Figures*.

437. Annales agricoles de Roville, par Mathieu de Dombasle. 1832 (8ᵉ et dernière livr.). — Calendrier du bon cultivateur, par le même. 1821, in-12, br.

---

438. Petrus de Crescentiis zu teutsch : Das erste buch von erwelen. wonung, und von heüszern und höfen und vas nütz sey zu ackerwonung... c'est-à-dire : Le livre des profits champêtres et ruraux touchant l'agriculture, etc., en 12 livres, suivi d'un index aphabét. *S. l. n. d.* (vers 1490), in-fol., rel. en bois.

Ouvrage curieux. Exemplaire d'une bonne conservation intérieure, orné d'un grand nombre de *figures en bois*.—Rare.

439. Opera d'agricoltura.... cōposta p. P. Crescētio, cittadio di Bologna. *In Venegia, per Bernardino di Lexona*, 1538, pet. in-8, vél.

440. Le dieci giornate della vera agricoltura e piaceri della villa di A. Gallo. *Vinegia*, 1565, in-8, v. fau.

441. Agricoltura tratta da diversi antichi et moderni

scrittori dal sig. Gabr. Alf. d'Herrera et trad. di lingua spagnuola in italiana da Mambrino Roseo da Fabriano. *Venetia*, 1577, in-4, dos et coins v. ant., fil. (*Rel. de Simier.*)

Bel exemplaire d'un livre rare.

442. Giardino di agricoltura di Marco Bussato da Ravenna, nel quale si tratta di tutto quello, che s'appartiene à sapere à un perfetto giardiniero, *In Venetia*, 1599, pet. in-4, parch.

Traité estimé et très-rare, orné de *figures sur bois*.

443. Le richezze dell' agricoltura dell' illustre sig. Gio. Maria Bonardo Fratteggiano. *Venetia*, 1601, in-8, dem.-rel., mar.

444. Le vinti giornate dell' agricoltura el de piaceri della villa di Agostino Gallo. *Venetia*, 1607, in-4, vél.

445. L'agricoltore sperimentato, ovvero regole generali sopra l'agricoltura, etc., di Cosimo Trinci. *In Venezia*, 1772, in-8, dem.-rel. *Planches.*

ARBORICULTURE.

446. Cours élémentaire, théorique et pratique d'arboriculture, par A. Du Breuil. *Paris*, 1846, 2 tom. en 1 vol. in-12, dem.-rel., *figures.*

447. Semis et pépinières. 5 br.

448. Des semis et plantations des arbres, et de leur culture, par Duhamel du Monceau. *Paris*, 1780, in-4, dem.-rel., *planches.*

449. Traité sur les semis et les plantations, par Lardier. *Marseille*, 1834, in-8, br.

450. La manière de semer pepins et faire pepinières, enter et planter toutes sortes d'arbres, selon le lieu et terre où ils sont. *Paris, J. Bonfons*, 1562, pet. in-8, v. fau., fil., tr. dor., *figures en bois.* (*Koehler.*)

451. Catalogue des arbres et arbrisseaux qui se peuvent

élever en pleine terre, aux environs de Paris, par
B. de Jussieu. *Paris*, 1735, in-12, br.

Préparé pour une nouvelle édition, avec de nombreuses notes manuscrites de l'auteur.

452. Traité de la culture des arbres et arbustes qu'on
peut élever dans la République et qui peuvent y pas-
ser l'hiver en plein air, par Buc' hoz. *Paris, an VII*,
in-12, 2 tom. en 1 vol., dem.-rel.; v. fau., n. rog.

453. Observations sur la culture des arbres à haute
tige, par Thierriat. *Noyon*, 1760, pet. in-12, v. m.

454. ROBINIER (culture du), par Médicus, Buc'hoz,
Stumpf, 4 broch. cart. séparément.

455. Lettres sur le robinier, par François (de Neufchateau). *Paris*, 1803.—Nouv. traité sur l'arbre nommé
acacia. *Bordeaux*, 1762. — Lettres à François (de
Neufchâteau), sur le robinier, par Médicus. 1804, 3
part. en 1 vol. in-12, dem.-rel.

456. *Acacia* (sur la culture de l'), 4 broch. in-8, et in-12,
cart.; par Juglar, Dettmar-Basse, Müller et Balan.

457. ARBRES (culture des), 17 broch. diverses, cart.
séparément.

Culture du Sophora.—Saules de la Suisse.—Cyprès de la Louisiane.
—Cèdre du Liban.—Cytise des Alpes.—Agavé d'Amérique.—Sur le
Robinier.—Magnola.—Sur l'Érable.—Culture du Noyer.—Peuplier blanc.
—Sur le Zelkoua.—L'Orme de France.—Le Bananier.—Sorbier.—Bois
torréfié.—L'arbre civier.

458. ARBRES (culture des), 15 broch. diverses, cart.
séparément.

Du mélèze.—Genévrier rouge.—Histoire du cyprès.—Mémoire sur
le magnolier.—Culture de l'ajonc.—De l'orme.—Peuplier d'Italie.—
Frêne. — De l'osier. — Des micocouliers. — Frêne commun. — Arbres
verts, etc.

459. Nouveau traité de la taille des arbres fruitiers,
par Dahuron. *Paris*, 1719, in-12, v. m., *pl.*

Exemplaire de d'Aguesseau.

460. Traité de la culture des arbres fruitiers, par
W. Forsyth, trad. de l'angl. par Pictet-Mallet. *Paris*,
1805, in-8, br., *planches*.

461. Principes raisonnés et pratiques de la culture des

arbres fruitiers, d'alignement et forestiers, par A. Ta-
lin. *Paris* (1811), 2 part. en 1 vol. in-8, dem.-rèl.

462. Méthode pour bien cultiver les arbres à fruits, et
pour élever les treilles, par les s^rs de La Rivière et du
Moulin. *Paris*, 1738, in-12, vél. (*Armes de D'Aguesseau.*)

463. La manière de cultiver les arbres fruitiers, par le
sieur Le Gendre (l'abbé de Pontchasteau). *Paris*,
1653, in-12, vél.

464. Traité sur la nature et sur la culture de la vigne;
sur le vin, la façon de le faire et la manière de le bien
gouverner, par Du Hamel Du Monceau. *Paris*, 1759,
2 vol. in-12, v. mar.; *figures.*

465. Vigne (culture de la). 9 brochures.
Réflexions de M. le curé d'Achain, sur la culture de la vigne. *Vic*,
1846.—Manuel du vigneron, par Destrès. *Soissons*, 1824.—De la vigne,
mémoire couronné par l'Académie de Metz, par Durival. *Nancy*, 1777.
—Rapport sur le procédé vinificateur de mademoiselle Gervais, par De-
lavaux. *Bordeaux*, 1822.—Précis de la vinification de Chaptal, par Biag-
gini, *Ajaccio*, 1823.—Nouveau traité de la culture et de la taille de la
vigne, par Malus. *Agen*, 1829 —Mémoire sur la maladie de la vigne, par
Pascal, de Mâcon. *Paris*, 1853 —Nouvelle culture de la vigne en plein
champ, par Trouillet. *Montreuil-sur-Seine*, 1856.—Régénération de la
vigne par une nouvelle plantation, par Trouillet, 1858.

466. Nouvelle instruction facile pour la culture des
figuiers où l'on apprend la manière de les élever,
multiplier et conserver. *Paris*, 1692, in-12, v. mar.

467. Traité de la châtaigne, par Parmentier. *Paris*,
1780. — Mémoire sur les marrons d'Inde, par
A. Baumé. *Paris*, 1797; ens. 2 vol. in-8.

468. Résumé des principaux traités chinois sur la culture des mûriers et l'éducation des vers à soie, trad.
par Stan-Julien. *Paris, I. R.*, 1837, in-8, pap.
vélin, maroq. rou., tr. dor., fers sur les plats, larges
dent., doublé de tabis. *Planches.*
De la bibliothèque du roi Louis-Philippe (château de Neuilly).

469. Traité du citrus, par Gallesio. *Paris*, 1811, in-8,
dem.-rel. *Planches.*

470. Traité de la culture des orangers, citronniers, gre-
nadiers et oliviers. *Paris, Ch. de Sercy*, 1676. —
Instruction facile pour connoître toutes sortes d'o-
rangers et citronniers .... . avec un traité de la taille
des arbres (par P. Morin). *Paris, de Sercy*, 1680;
ens. 1 vol. in-12, v. br.

471. Instruction facile pour connoître toutes sortes d'o-
rangers et citronniers (par P. Morin). *Paris, de Sercy*,
1680, in-18. — Traité de la culture des pêchers
(par Decomble). *Paris*, 1750, in-12. — Dissertation
sur le thé, par Buc'hoz. *Paris*, 1787; ens. 3 vol.

472. Mémoires sur les haies destinées à la clôture des
prés, des champs, des vignes et des jeunes bois, etc.;
par Amoreux. *Paris*, 1787, in-8, br.

473. Hortus Europæ americanus : or a collection of
85 curious trees and shrubs, the produce of North
America ; adapted to the climates and soils of great
Britain, Ireland , etc. .. , their blossoms, fruits, etc.;
by Mark Catesby. *London* , 1787, in-fol., n. rog.
Orné de figures bien coloriées.

JARDINAGE..

475. Le jardinage d'Antoine Mizauld, medecin, contenant la manière de cultiver les jardins, les préserver
de toute vermine et en tirer remèdes propres aux
maladies des hommes. Item comme il faut enter les
arbres et les rendre medicinaux. *S. l., Ant. Gryphius*,
1578, in-12, dem.-rel., mar. br.

476. Le Jardinier françois, qui enseigne à cultiver les
arbres et herbes potagères; etc. (attribué à Nic. de
Bonnefons, valet de chambre du Roi). *Paris, A. Cel-
lier*, 1666, pet. in-12, maroq. rou., tr. dor. *Titre
gravé et jolies fig.* — Rare.
Piqué de vers dans le bas de la marge, mouill.

477. Traitez de jardinage, divisez en II tomes, le 1er

cont. le jardinier françois, la manière de cultiver les arbres fruitiers, par d'Henonville. Le IIe cont. les délices de la campagne, le floriste françois, par de la Chésneé Monsterenr, et le traité des chasses. *Paris, Guillaume de Luynes*, 1675, 2 vol. in-12, v. br. *Figures.*

478. Instruction pour les jardins fruitiers et potagers, avec un traité des orangers, par De La Quintinye. *Paris*, 1697, 2 vol. in-4, v. gr., *portrait et planches.*

479. La culture parfaite des jardins fruitiers et potagers, par L. Liger. *Paris*, 1703, in-12, v. gr. *Fig.*

480. Le ménage universel de la ville et des champs, et le jardinier, accommodés au goust du temps, etc., par de La Ferrière. *Bruxelles*, 1733, in-8, dem.-rel., mar. viol., *front. gravé.*

481. Le ménage des champs et de la ville, ou le nouveau Jardinier françois accommodé au goust du temps. *Paris*, 1737, in-12, cart.

482. Le Jardinier solitaire (par François Charlreux), *Paris*, 1738.—Traité des jardins, par le sieur Saussay. —Le calendrier des jardins, trad. de l'anglois de Bradley. *Paris*, 1750.—Curiositez de la nature et de l'art, par de Vallemont. *Paris*, 1732, 2 vol.; ens. 5 vol. in-12. v. m.

483. Nouvelle observation physique et pratique sur le jardinage et l'art de planter, ouvrage trad. de l'anglois (par Puisieux). *Paris*, 1756, 2 vol. in-12, v. m. *planches.*

484. Le jardinier d'Artois, ou les éléments de la culture des jardins potagers et fruitiers, par F. G. Bonnelle. *Arras*, 1763, in-8, v. mar. fil., tr. dor.

485. Dictionnaire pour la théorie et la pratique du jardinage et de l'agriculture par principes, par l'abbé Roger Schabol. *Paris*, 1767, in-12, v. mar.

486. Dissertation sur le jardinage de l'Orient, par de Chambers. *Londres*, 1772, in-4, dem.-rel., n. rog.

487. La théorie du jardinage, par l'abbé Roger Schabol. *Paris*, 1774, in-12, v. mar., *portrait*.

488. Eléments du jardinage utile, ou manière de cultiver avec succès le potager et le verger, d'après les expériences de R. Schabol. *Bouillon*, 1776, in-12, maroq. rouge fil. tr. dor. (*Armes.*)

489. Jardinier portatif, ou la culture des quatre classes de jardins, et de l'éducation des fleurs. *Rouen*, 1780, in-12, v. mar. -

490. La pratique du jardinage, par l'abbé Roger Schabol. *Paris*, 1782, 2 vol. in-12, bas. *Planches.*

491. Théorie de l'horticulture ou essais descriptifs, selon les principes de la physiologie, par J. Lindley, trad. par Lemaire. *Paris*, 1841, gr. in-8, br.

492. HORTICULTURE. 10 broch. in-8.
Précis sur les greffes, par Beaunier.—Mémoire sur l'hortensia.—Fructification des arbres, par Calvel.—Sur les accidents des plantes, par Houzelot.—Description des jardins de Courset, par Lair.—Sur l'importance de l'horticulture, par Soulange-Bodin.—Dessins d'arbres en espalier, par Dubois.—Le verger français, etc.

493. Le Bon jardinier, almanach pour l'an deuxième (et l'an sixième). *Paris, Onfroy*, 2 vol., pet. in-12.

494. Annales de l'Institut horticole de Fromont, dirigées par Soulange-Bodin. *Paris, Huzard*, 1829-34, 6 vol. in-8, dem.-rel. *Figures.*

ANIMAUX DOMESTIQUES.

495. Traité de l'éducation des animaux domestiques, par A. Thiébaut, de Berneaud. *Paris*, 1820, 2 vol. in-12, dem.-rel. *Figures.*

496. Traité des oiseaux de basse-cour et du lapin domestique, par J. L. R. *Paris*, 1823, in-12, dem.-rel. *Figures.*

497. Art de faire éclore et d'élever, en toutes saisons,

les oiseaux domestiques de toutes espèces, par de
Réaumur. *Paris, imp. Roy*, 1751, 2 vol. in-12. v. m.
Figures.

498. Pratique de l'art de faire éclore et d'élever en toute
saison des oiseaux domestiques de toutes espèces, soit
par la chaleur du fumier, soit par celle du feu, par de
Réaumur. *Paris, I. R.*, 1751, in-12, v. mar. *Planches.*

499. Traité de l'usage du colombier et des volières en
Bourgogne (par Lucan). *Dijon,* 1772, in-8, mar. fil.

500. Catéchisme de l'amateur d'abeilles, par Micq.
Kaiserslautern, 1806, in-12, br. *Planche.*

EAUX ET FORÊTS.

AMÉNAGEMENT DES FORÊTS ET EXPLOITATION DES BOIS.

501. Instruction sur le faict des eaux et forests, cont. en
abrégé les moyens de les gouverner et administrer,
par J. de Chauffourt. *Rouen, D. du Petit.* 1642, in-8,
dem.-rel., v. fau.

502. Traité universel des eaux et forest de France, pesches et chasses, par Neel Duval, sucesseur de la Lis-
sandrière. *Paris,* 1699, in-8, v. gr.

503. Mémorial alphabét. des eaux et forests, pesches et
chasses, avec les édits, ordonnances, etc. (par Noël.)
Paris, 1737, in-4, v. gr.

504. Dictionnaire raisonné des eaux et forests, suivi du
Recueil des édits, arrêts, etc., par Chailland. *Paris,*
1769, 2 vol. in-4, v. mar.

505. Mémoire sur le desséchement des marais et l'utilité qu'on peut retirer des marais desséchés en général, et particulièrement de ceux du Laonnois, par
Cretté de Paluel. *Paris,* 1789, in-8, maroq. rou., fil.
tr. dor. (*Armes.*)

506. Lettres au citoyen d'Eymar sur l'encaissement du Rhône et l'exploitation de q. q. espèces particulières de bois, depuis le mont Simplon jusqu'au lac de Genève, par Quatremère-Disjonval. *Genève, an IX*, in-8, cart.

507. Dictionnaire général raisonné et historique des eaux et forêts, par Baudrillart. *Paris, Huzard,* 1823, 2 vol. et *atlas de pl.,*, in-4, dem.-rel.

508. Eaux et forêts. 10 vol. in-8, rel.

Journal des eaux et forêts, chasse et pêche.—Lois forestières, par Dupin.—Code forestier, par Gagneraux.—De la force des bois, par Le Camus de Mézières.—Guide du géomètre, par Goulard.—Administrations forestières, par Varenne.— Feuille.—Régime des eaux, par Garnier, etc.

509. Eaux et forêts, 12 vol. in-12, rel. et br.

Ordonnance de Louis XIV.—De l'aménagement, par Dralet.—Culture et plantation des arbres à œuvrer, par Roux.—Code forestier, par Baudrillart.—Du flottage des bois, etc.

510. Eaux et forêts, 9 vol. in-8, rel.

Commentaire sur les ordonnances de Lorraine.—L'arpenteur forestier, par Guillot.—Sur l'aménagement, par Claussé.—Sur l'aménagement, par Parmelier d'Annel.—Des bois propres au service des arsenaux, par Herbin de Halle.—Dissertation forestière, par Lintz, etc.

511. Eaux et forêts, 10 vol. in-12 et in-18, rel. et br.

Avenir forestier de la France, par De Croy.—Pépinières, par Carrière.—Manuel d'arboriculture des ingénieurs, par Du Breuil.—Traité des forêts d'arbres résineux, par Dralet.—Ordonnance de Louis XIV.—Traité du hêtre, par Dralet.—Etc.

512. Le Moniteur des eaux et forêts, publ. par Thomas, rédigé par A. et F. Nettement, etc. *Paris,* 1842-46, 6 tomes en 3 forts vol. in-8, dem.-rel., *carte.*

---

513. Petri Bellonii Cenomani medici de neglecta stirpium cultura, atque earum cognitione libellus : edocens qua ratione silvestris arbores cicurari... C. Cl. Atrebas e gallico latin. faciebat. *Antverpiæ,* 1589, in-8, mar. v., fil. dent. intér., tr. dor. (*Niédrée*).

514. Bacon (F.). Sylva sylvarum, sive historia naturalis. *Amst., Elzevir.,* 1661, pet. in-12, vél.

515. Instruction pour la réformation et conservation des

eaux et forêts, conformément à la nouvelle ordonnance
de Louis XIV. *Paris, 1682, in-12, v. br.*

516. Réflexions sur l'état des bois du royaume et sur les
précautions qu'on pourrait prendre pour en empêcher
les dépérissements et les mettre en valeur, par de
Réaumur. in-12, rel.

Copie manuscrite d'une très-bonne écriture. (Extrait de l'Académie des
sciences, 1721.)

517. Traité de l'administration des bois de l'ordre de
Malte, dépendant de ses grands prieurés (Givaudan).
Paris, 1757, in-4, v. m.

518. De l'exploitation des bois ou moyens de tirer un
parti avantageux des taillis, demi-futaies et hautes
futaies, par Duhamel du Monceau. *Paris, 1764, 2 vol.
in-4,* dem.-rel. *Bon nombre de planches.*

519. Traité des Bois (par J. Massé). *Paris, 1769, 2 vol.
in-12, v. mar.*

520. Silva, or a discourse of forest-trees... together
with an historical account of the sacredness and use
of standing groves, by J. Evelyn; with notes by
Hunter. *York, 1776, 2 vol. gr. in-4, v. rac. Papier
vergé fort. Figures.*

521. Traité de la culture du chêne, par Juge de Saint-
Martin. *Paris, 1788, in-fol., v. m.*

522. Réflexions sur les bois et les moyens de procurer
au royaume un approvision. plus favorable des bois de
chauffage et de construction, etc., par Boësnier. *Blois,
1789, in-4,* dem.-rel. *(Rare.)*

523. Traité sur les réformations et les aménagements
des forêts avec une application à celles d'Orléans et
de Montargis, par Plinguet. *Orléans, 1789, in-8, br.
Planches.*

524. Manuel de l'arboriste et du forestier belgiques,
par le baron de Pœderlé. *Bruxelles, 1790, 2 t. en
1 vol. in-8, cart., n. rog.*

525. Manuel pratique du forestier, ouvrage dans lequel

on traite de l'estimation, exploitation, etc., des semis
et plantations des forêts, par Bridel. *Paris, an VI*, in-
12, dem.-rel., mar. La Vall.

526. Quelles sont les causes du dépérissement des bois?
quels sont les moyens d'y remédier? Solution de ces
questions, par Baillon. *Paris, an IX*, in-8, mar. rou.,
fil., tr. dor.

527. Réflexions d'un grand maître sur les bois et forêts, avec un précis sur le matériel des bois et forêts,
par G. R. M. (Momet). *Paris, an IX*, 1801, in-12,
dem.-rel., m. v., n. rog.

528. Traité de la physique végétale des bois et des principales opérat. financières, par Goube. *Paris, an IX*,
(1801), in-8, bas.

529. Annuaires forestiers de la République française
pour l'an XI et l'an XIII, par Goujon (de la Somme).
Paris, 2 vol. in-18, dem.-rel., mar. vert.

530. Traité de l'aménagement et de la restauration des
bois et forêts de la France, par de Perthuis. *Paris*,
1803, in-8, cart., n. rog.

531. Aperçu général des forêts (aménagement), par
Ch. d'Ourches. *Paris*, 1805, 2 vol. in-8, br.

532. Restauration et aménagement des forêts et des bois
particuliers, par E. Chevalier. *Paris*, 1806, in-12,
dem.-rel., mar. vert.

533. Des forêts de la France, suivi de quelques considérations sur leur aliénation par le domaine, par
Rougier de la Bergerie. *Paris*, 1817, in-8, br.

534. De l'aménagement et de l'exploitation des forêts
qui appartiennent aux particuliers, par Noirot. *Dijon*, 1822, in-12, dem.-rel.

535. Premier mémoire en réponse à la question propo-
sée par l'Acad. royale : Quels sont les changements
que peut occasionner le déboisement de forêts consi-

dérables,..? par Moreau Jonnès. *Bruxelles*, 1825, in-4, dem.-rel. v.

536. Guide de la culture des bois, ou herbier forestier, par Duchesne. *Paris*, 1826, gr. in-8, dem.-rel. ch., n. rogné.

537. Des forêts de la France considérées dans leurs rapports avec la marine, par Bonard. *Paris*, 1826, in-8, dem.-rel.

538. Des forêts de la France considérées dans leurs rapports avec la marine militaire, par Bonard. *Paris*, 1826.—Lettre à Bonnard (par le baron de Monville.) —Observat. sur l'approvis. des bois, par Marion de la Brillantais. *Paris*, 1827, etc., en 1 vol. in-8, cart.

539. Petit manuel des gardes forestiers, par Herbin de Halle. *Paris*, 1827, in-18, dem.-rel., mar. br.

540. Historique de la création d'une richesse millionnaire par la culture des pins, par L. G. Delamarre. *Paris*, 1827, in-8, br.

541. Recherches statistiques sur les forêts de la France, par Faiseau-Lavanne. *Paris*, 1829, in-4., br. *Carte.*

542. Précis des leçons de travail graphique et de constructions forestières, par P. Laurent. *Nancy*, 1830, in-4., br. *Planches.*

543. Manuel de l'ingénieur-forestier, ou technologie spéciale et *sui generis* d'un plan de doctrines... tout à fait neuf, par Plinguet. *Mans*, 1831, in-8, dem.-rel.

544. Traité pratique de la culture des pins à grandes dimensions, par L. G. Delamarre, avec des notes de Michaux et Vilmorin. *Paris*, 1831, in-8, br.

545. The forester's guide and profitable planter, cont. a practical treatise on planting, etc., by Rob. Monteath, *Edinburgh*, 1831, in-8, cart., *planches.*

546. Mémoire où l'on propose les moyens infaillibles de prévenir la ruine totale des forêts nationales,..... (par Georgel) *Saint-Dié, an X.*—Observ. d'un ancien

officier des eaux et forêts, sur le mémoire du citoyen Georgel. *Paris, an X.* — Mém. au roi et aux chambres sur la destruction des bois, par Rouget de la Bergerie. *Paris,* 1831; ens. 3 br. in-4.

547. Manuel forestier, par Herbin de Halle. *Paris,* 1832, gros in-12, dem.-rel.

548. Anweisung zum Waldbau (c'est-à-dire : instructions pour la culture des forêts), von H. Cotta. *Dresden und Leipzig,* 1835, in-8, dem.-rel.. *portrait et planches.*

549. Traité de culture forestière, par H. Cotta. *Paris,* 1836, in-8, dem.-rel.

550. Traité de l'aménagement des forêts, par de Salomon. *Paris,* 1837, 2 vol. in-8, et *atlas* in-4, dem.-rel.

551. Cours élémentaire de culture des bois, créé à l'École forestière de Nancy, par Lorentz, publ. par A. Parade. *Paris,* 1837, in-8, dem.-rel., mar. *Planches.*

552. Traité de la culture des forêts ou de l'application des sciences agricoles et industrielles à l'économie forestière, par Noirot. *Paris,* 1839, in-8, dem.-rel.

553. Traité général de statistique, culture et exploitation des bois, par Thomas. *Paris,* 1840, in-8, dem.-rel., *planches.*

554. Principes fondamentaux de la science forestière, par H. Cotta; 2 édit., trad. par J. Nouguier. *Paris,* 1841, in-8, dem.-rel.

555. Théorie de l'aménagement des forêts, par Noirot-Bonnet. *Paris,* 1842, in-8, dem.-rel., mar. br.

556. Études forestières considérées sous le rapport de l'amélioration des bois et des forêts en France, par Fr. Philippar. *Paris,* 1843, in-8, dem.-rel., mar. br.

557. Traité de topographie et de géodésie forestière, par Regneault. *Nancy,* 1844, in-8, dem.-rel., *planches.*

558. Création de la ferme et des bois de Bruté sur un terrain de landes à Belle-Isle-en-Mer (Morbihan), par J. L. Trochu. *Paris*, 1846, in-8, dem.-rel., v. ant. et atlas in-4.

559. Manuscrit inédit sur les bois et forêts, par feu le baron Van Kessenich. *Venloo*, 1847, in-12, dem.-rel.

560. Culture forestière des arbres résineux conifères, par L. Gihoul. *Paris*, 1847, gr. in-8, dem.-rel., n. rog., *planches coloriées.*

561. Recherches hist. et géographiques sur les grandes forêts de la Gaule et de l'ancienne France, par L. F. A. Maury. *Paris*, 1848, in-8, br.

562. Du produit du sol forestier, par P. Laurent. *Nancy*, 1849, in-8, dem.-rel., mar. br.

563. Notes sur la culture des bois dans le département des Ardennes, par Bouvart. 1849, in-8, br.

564. Histoire des grandes forêts de la Gaule et de l'ancienne France, etc., par A. Maury. *Paris*, 1850, in-8, dem.-rel., mar. vert, n. rog.

565. Les forêts de la France dans l'antiquité et au moyen âge : nouveaux essais sur leur topographie, leur histoire et la législation qui les régissait, par A. Maury. *Paris*, *I. I.*, 1856, in-4, dem.-rel., mar. rou., n. rog.

566. Recherches sur l'emploi de divers amendements dans la culture des forêts, par E. Chevandier. *Paris*, 1852, in-4, dem.-rel., v. ant.

567. English forests and forest trees. *London*, 1853, in-8, cart., *figures.*

568. Traité des arbres forestiers principalement employés à la plantation des routes, avenues et parcs, par le comte F. du Chastel. *Bruxelles*, 1856, in-8, dem.-rel., mar. vert.

569. Études sur l'aménagement des forêts, par L. Tassy. *Paris*, 1858, in-8, dem.-rel., mar. br.

570. Notices sur l'exposition de l'École impériale forestière au concours général de l'agriculture à Paris, en
1860. *Nancy*, 1860, in-8, dos et c. mar. rou., n.
rog., tête dor.

571. Cours d'aménagement des forêts enseigné à l'École
forestière, par H. Nanquette. *Paris*, 1860, in-8,
dem.-rel., mar. rou.

572. Police des bois, défrichements et reboisements,
comment. sur les lois promulguées en 1859 et 1860 ;
par Féraud-Giraud. *Paris*, 1861, in-8, br.

573. Taille et conduite des arbres forestiers et autres
arbres de grandes dimensions, par le vicomte de
Courval. *Paris*, 1861, gr. in-8, br., *planches*.

574. Cours élémentaire de culture des bois créé à l'É-
cole forestière de Nancy, par M. Lorentz, complété
et publié par A. Parade. *Paris et Nancy*, 1860,
in-8, en feuilles.

575. Recherches sur des taillis sous futaie, par Darbois
de Jubainville. *Nancy*, 1860, in-8, br., *planches*.

576. Coup d'œil sur les forêts canariennes (géographie
botanique), par Berthelot, 2 vol. dont 1 de texte,
in-4, *atlas de planches*, in-fol., dem.-rel.

577. Géodésie pratique des forêts, par V. Hennon.
Paris, in-8, br., *planches*.

578. Guide de la culture des bois, ou herbier forestier.
Atlas (seul), in-fol., dem.-rel., *planches par Deshayes*.

579. Projet de boisement des Basses-Alpes, par Dugied.
Paris, *I. R.*, in-4, br.

580. ADMINISTRATION FORESTIÈRE, 12 br.

Par Fleury, Chéron, Noël, Fontayne, Jaume Saint-Hilaire, Mas-
sard, etc.

581. AMÉNAGEMENTS DES FORÊTS, 9 br.

582. ARBRES FORESTIERS ET AUTRES (cultures des). 20
broch.

Par Saint-Félix, Baltet-Petit, Chatin, Tschudy, de Candolle, du Petit-
Thouars, Muller, Mallet de Chilly, de Courval, Coste, Forsyth, Leroy,
Dupuy, Gaud, Hartig, etc.

583. BOISEMENT, DÉBOISEMENT ET REBOISEMENT des forêts et des montagnes, 15 br., in-8.

584. CHÊNE. Semis, culture et exploitation du chêne, 8 br., in-8, cart.

- Par Dubois, de Passa, Perier-Mondouville, Lambert et autres.

585. CONSERVATION DES BOIS, 6 br., in-8.

586. DÉFRICHEMENTS des forêts, 25 br., in-8.

587. FORÊTS, 17 vol. et br.

Histoire d'un morceau de bois, précédé d'un essai sur la séve, par du Petit-Thouars, 1845. —Mémoire sur la pesanteur spécifique des bois, par Baudrillart, 1815. —Essai sur la résistance des bois, par Fourier, 1828. —Examen des avantages de l'emploi de la scie au lieu de la hâche.— Mémoire sur les plantations de bois, par Henriquez.—Des forêts relativement à l'existence des sources, par Mathieu de Dombasle.—L'art d'économiser le bois, par Goy.—Des plantations dans les départements du midi, par Datty, 1805.—Mémoire pour les propriétaires de bois.— Essences forestières de Bretagne.

588. FORÊTS, brochures intéressantes sur les bois, forêts et montagnes, 36 broch. diverses.

589. FORÊTS, 9 vol. in-12, br.

Dont : Essai sur les bois de charpente.—Expérience physique sur les rapports de combustibilité des bois entre eux, par Hartig.—Traité de l'agriculture des bois, par Bounet.—Essai de bien public, par Collignon. —Manuel de l'élagueur, par Hotton.—Sur l'élagage, par Moreau.—Manuel du planteur, par Bazelaire.—Reproduction des forêts, par Bakowski.

590. MICHAUX. 4 br. in-8.

Mémoire sur la naturalisation des arbres forestiers de l'Amérique septentrionale.—Rapports sur les voyages de Michaux, etc.

591. PINS. Semis, culture et exploitation des pins dans divers pays. 16 broch. in-8 et in-4, cart.

592. PLANTATION DES BOIS. 11 br. in-8.

593. ROUTES. 8 br. sur les plantations des routes et leur entretien.

---

594. Instruction pour les ventes des bois du Roi, par de Froiduro avec des notes tirées des meilleurs auteurs, par Berrier. *Paris*, 1759, in-4. v. m. *Planches.*

595. Manuel à l'usage des agents forestiers et maritimes, par Goujon. *Paris*, 1803, in-12, dem.-rel. *Planches.*

596. Recherches sur la composition élémentaire des différents bois et sur le rendement annuel d'un hectare de forêts, par E. Chevandier. *Paris, 1844, in-8, dem.-rel. v. fauve.*

597. Manuel théorique et pratique de l'estimateur des forêts, 2ᵉ édit. aug. par Noirot-Bonnet. *Paris, 1856, in-8, dem.-rel. mar. viol.*

598. Exploitation débit et estimation des bois, cours fait à l'Ecole impériale forestière, par H. Nanquette. *Nancy, 1859, in-8, dem.-rel. mar. br.*

599. Expériences sur la production des futaies crues en massif, et sur le volume réel des cordes de bois, etc., trad. de l'allemand par E. Chevandier. *Nancy, 1844. in-8. dem.-rel. v. fauve, n. rog. (L. aut. de l'auteur.)*

600. Instruction sur les bois de marine, par Tellès d'A-costa, in-4, mar. v.

Manuscrit aux armes de M. de Sartines auquel il a été présenté.

601. Instruction sur les bois de marine et autres par Tellès d'Acosta. *Paris, vᵉ Duchesne, 1782, in-12, dem.-rel. (Planches avec le supplément.)*

602. Instruction sur les bois de marine et leur application aux constructions navales. *Paris, in-4, dem.-rel.*

Avec un tarif d'équarrissage et 58 *planches gravées et lithographiées.*

603. Mémoire sur les travaux qui ont rapport à l'exploitation de la mâture dans les Pyrénées, par Leroy. *Londres (Paris), 1776, in-4, bas. Planches.*

604. Du transport, de la conservation et de la force des bois, par Duhamel du Monceau. *Paris, 1767, in-4, v. m. Planches.*

605. Notions pratiques d'exploitation, de débit, de cubage et d'estimation des bois, par Nanquette. *1858, in-4, dem.-rel. Ecriture lithog. (Figures.)*

606. Histoire du flottage en trains. Jean Rouvet et les principaux flotteurs anciens et modernes, par F. Moreau. *Paris, 1843, in-8, br. Figures.*

607. Cubage et solivage des bois. 12 br. et vol.

608. Traité général de la mesure des bois, par Segondat. *Paris, Bachelier*, 1829, 2 vol. in-8, br.

609. Code du commerce des bois carrés, charpente, sciage ou à œuvrer... pour l'approvisionnement de Paris, par Moreau. *Paris*, 1840, 2 vol. in-8, br.

CARTES FORESTIÈRES. — PLANS. — HISTOIRE ET DESCRIP-
TION DES BOIS, FORÊTS, ETC.

610. Bois de Boulogne (le), près Paris, appart. au roy et aux dames religieuses de l'abbaye de Longchamp, par De Fer. Feuille gravée, de 33 c. sur 24.

611. Plan du parc de Saint-Cloud et de ses environs, levé en 1845, sous la direct. du général Pelet, sur toile, dans un étui.

612. Le bois de Vincennes, par Alfred Brocard, 1860, in-12. — Cartes topographiques et portatives des résidences royales des environs de Paris, par Maire. *Paris*, 1830, pet. in-4 obl.

613. Carte de la forêt et de la vallée de Montmorency, par Ponsin ; sur toile, dans un étui.

614. La forêt de Saint-Germain, poëme, par M. Henri V...n. *Paris*, 1813, br. in-12.

615. Plan géométrique, ou cartes d'assemblages des forêts et bois de la couronne, composant l'inspection de Versailles, par Guyon Martin, 1844. Sur toile, dans un étui.

616. Forest de Biere, ou de Fontaine-Bleau, par de Fer, 1697. 1 f. in-fol.

617. Description historique des château, bourg et forest de Fontainebleau, par l'abbé Guilbert. *Paris*, 1731, 2 vol. in-12, v. mar. *Cartes et fig.*

618. Fontainebleau. Carte topographique de la forêt et des environs de Fontainebleau, par Denecourt et Hary (avec une notice hist.). 1844. Collé sur toile.

619. Fontainebleau. 2 vol. in-12 br.

La forêt de Fontainebleau, poëme, par René-Richard Castel. *Paris,* 1805.—Le même, poëme en IV chants, par A. Durand. *Fontainebleau,* 1836.

620. Fontainebleau. 8 vol. divers formats, rel. et br.

L'indicateur historique et descriptif de Fontainebleau. *Plan.*—Paysages, légendes, souvenirs, 1855.—Le palais et la forêt, par Denecourt. *Plan.*—Description physique de la forêt, par Paillet, 1807.—Guide du voyageur et de l'artiste, par Denecourt, 1850.—Son palais, ses jardins, sa forêt, par A. Joanne.—Etc.

621. Etat de la forest de Cuise, dite de Compiègne (par Jamet?) *Paris, Collombat,* 1750, in-12, dem.-rel. *Carte dressée par N. Matis.*

622. Carte de la forêt de Compiègne, présentant la division des gardes, à l'échelle de 1 à 2,000, confectionnée par M. de Moléon, ingénieur des domaines et forêts de la couronne. 4 grandes feuilles collées sur toile, dans un étui.

Superbe carte manuscrite, inédite (1820).

623. Etat de la forest de Compiègne, divisée en douze gardes, subdivisée en triages, leurs tenants et abouts... les noms où conduisent les routes.... les carfours propres à donner rendez-vous de chasses et places des relais ; les principales demeures des animaux, les fontaines, les étangs, ruisseaux, mares ; les villages, hameaux et maisons, etc., in-8, mar. rou., tr. dor. (*Aux armes du Dauphin*).

BEAU MANUSCRIT. Sur le premier feuillet un envoi autog. à madame Marie-Adélaïde de France. (*Signé : Penon.*)

624. Description de la forêt de Compiègne comme elle était en 1765, avec le guide de la forêt, par Louis-Auguste Dauphin. *Paris, Lottin,* 1766, in-12, v. m. tr. dor. *Carte color.*

Il n'a été (dit-on) tiré que 36 exemplaires de ce livre. *Très-rare.*

625. Description ou abrégé historique de Compiègne, avec le guide dans la forest avec une carte dressée par Denis. In-12, br.

626. Compiègne, la forêt de Pierrefonds, par Pérint. *Compiègne*, 1842, in-8, br. *Planches.*

627. Landes de Gascogne, etc., 10 vol. et br. in-8 et in-4., br.

628. Collection de cartes concernant les forêts, triages et bois, taillis du comté-pairie d'Eu, par Estancelin, lieut.-gén. des eaux et forêts, gravées par Chambon, en 1768, in-4, br.
Rare.

629. Nouvelle carte forestière de l'Algérie, par Vuillemin. *Paris, Logerot;* sur toile, dans un étui.

630. Mémoire descriptif de la forêt impériale du Mont-Tonnerre, par L. Lintz. *Mayence,* 1806, in-4, br.

631. Forêts vierges de la Guiane française, par Noyer. *Paris,* 1827, in-8, br.

632. Les forêts inférieures du Canada ; lettres écrites par la femme d'un officier émigrant, sur la vie domestique des colons américains. *Paris, Curmer,* 1843, in-4, br.

SCIENCES MÉDICALES ET OCCULTES.

MÉDECINE.

633. Hippocratis aphorismi, cum locis parallelis Celsi... *Parisiis, apud Crochard,* 1807, in-32, v. m., fil., tr. dor.

634. Opusculū repertorii pronosticon in mutationes aeris tam via astrologica... Hyppocratis libellus de medicorū astrologia finit : a Petro de Abbano in latinū traduct. *Impressus .. a Erbardi Ratdold, Venetiis,* 1485, in-4, dem.-rel. c. de Russie, avec témoins, n. rog. (*Lhuer.*)
Opuscule rarissime.

636. Paracelse chirurgische Bücher und Schrifften.
Auch vom allen Leib und Wundærzten, wie auch
Mænniglichen, zu hohem Nutz und Verstandt. Sambt
einem Appendice nützlicher Tractat und volkomenen
Registren. Durch J. Huserum Brisgoium. *Strasburg,
L. Zetzner.* 1605, in-fol., peau de truie gauf.

637. Hier. Mercurialis variarum lectionium, in medicinæ
scriptoribus et aliis, libri quinque priores. *Parisiis,
N. Nivellium*, 1585, in-8, v. mar.

638. Artificiosa methodus comparandorum hortensium
fructuum, olerum, radicum... quæ corpus clementer
purgent, et variis morbis..., autore Ant. Mizaldo.
Lutetiœ, ex officina F. Morelli, 1571, pet. in-8, dem.-
rel., v. fau.

639. P. Bellonii Cenomani de admirabili operum anti-
quorum et rerum suspiciendarum præstantia liber
primum ; de medicato funere, seu cadavere condito, et
lugubri defunctorum ejulatione ; de medicamentis non-
nullis, seruandi cadaveris vim obtinentibus. *Parisiis*,
1553, in-4, dem.-rel., mar. La Vall.

640. De l'administration du sainct Boys, en diverses
formes et manières, contenues en quatre traités. Ensemble la forme de ministrer du vin, faict par A. Fer-
rier, Neapolitain, trad. du latin par N. Michel. *On les
vend à Poictiers*, 1546, pet. in-12, v. gr.

641. Traité de l'Adianton ou cheveu de Vénus, contenant
la description, les utilitez et les diverses préparations
galeniques et spagyriques de cette plante ; pour l'usage
familier de toutes sortes de personnes, en la guérison
de quelle indisposition, par Pierre Formi. *Montpellier,
P. Dubuisson*, 1644, in-8, anc. rel., mar. rou.
Rare. Bel exemplaire.

642. De Herba panacea quam alii tabacum alii petum,
aut. nicotianum vocant, brevis commentariolus, auct.
A. Everarto. *Ultrajecti*, 1644, pet. in-12, dem.-rel.
v. fau., tr. dor.

643. Traité du tabac ou nicotiane, panacée petun :
autrement herbe à la Reine avec sa préparation et son
usage, pour la pluspart des indispositions du corps
humain, composé en latin par J. Neander et trad.
(par J. Veyrar). *Lyon*, 1625, in-8, v. gr. *Figures.*

644. Cervi cum integri et vivi natura et proprietas, in
medicina usus : Das ist : Ausführliche Beschreibung
desz lebendigen Hirschens, seiner Natur und Eigen-
schafften (ou : De la nature et des propriétés du cerf
et de son usage en médecine), durch Agricolam.
Amberg, 1617, in-4, cart.
Ouvrage bien curieux.

645. Ortus sanitatis. De herbis et plantis, de animalibus
et reptilibus, de avibus et volatilibus, de piscibus et
natatilibus... Tabula medicinalis cum directorio generali per omnes tractatus (auth. J. Cuba). In-fol. goth.
rel. *Figures en bois.*
Ancienne édition à 2 col. de 55 lignes, sans indication de lieu ni de
date, sans chiffres ni réclames.—Rare.

646. Ludovici von Hammen. De herniis dissertatio
academica ; accedunt de crocodilo ac vesicæ mendaci
calculo epistolæ et responsiones. *Lugd.-Batav.*, 1681,
pet. in-12, v. fauve. (*Aux armes de Daniel Huet.*)

647. Discours sur l'impuissance de l'homme et de la
femme, auquel est déclaré que c'est qu'impuissance
empeschant et séparant le mariage. Comment elle se
cognoist, et ce qui doit estre observé aux procès de
séparation, par Vincent Tagereau, Angevin. *Paris*,
1611, in-12, dem.-rel.

648. Capitulaire auquel est traicté qu'un homme nay
sans testicules apparens, et qui a neantmoins toutes
les autres marques de virilité, est capable des œuvres
du mariage, par Seb. Rouilliard, de Melun. *Paris*,
1600, in-8, dem.-rel., v. fau.

649. Traité des eunuques, dans lequel on explique toutes
les différentes sortes d'eunuques, quel rang ils ont tenu,
quel cas on en a fait, etc. (par Ancillon). *A la Sphère*,

1767, in-12, v. fauve, dent., tr. dor. *(Bel exemplaire)*.

650. La Nymphomanie, ou traité de la fureur utérine, dans lequel on explique les commencemens et les progrès de cette cruelle maladie, par de Bienville. *Amsterdam*, 1784, in-12, bas.

651. DES DIVERS TRAVAULX ET ENFANTEMENS DES FEMMES, et par quel moyen l'on doit survenir aux accidens qui peuvent eschoir devant et après iceulx. Item quel lait et quelle nourrisse on doit eslire aux enfans. Composé en latin par maistre Euchaire Rodion. *On les vent à Paris, en la boutique de Jehan Foucher,* 1536, pet. in-8, goth. de 88 ff., anc. rel., mar. rou., fil., tr. dor. *Figures en bois. (Derome)*.

Édition rare.—Bel exemplaire de Mac-Carthy.

652. Essai sur la rage, dans lequel on indique un traitement méthodique et raisonné pour la guérir lorsqu'elle est déclarée, par Lalouette. *Paris,* 1816, in-8, dem.rel., v. fau., n. rog. *Figures*.

653. Le meilleur préservatif de la rage, étude de la physionomie des chiens et des chats enragés. *Paris,* 1860, in-8, dem.-rel., mar. rou. *Fig. et air noté*.

654. Physiologia crepitus ventris et risus, a R. Goclenio. *Francofurti*, 1607, in-8, cart.

A la suite : De origine, caussis, typo et ceremoniis illius ritus, qui vulgo in scholis deposit. appelatur, oratio J. Dinckelii.

655. Traité des causes physiques et morales du rire relativement à l'art de l'exciter. *Amst.*, 1768, in-12, dem.-rel., mar., n. rogn. *(Koehler.)*

656. Joan. Henr. Meibomii, de flagrorum usu in re veneria... *Londini*, 1665 *(Paris, 1767)*, pet. in-32, mar. rou., fil., tr. dor., *rare*.

657. La Cacomonade, ouvrage posthume du doct. Pangloss (par Linguet). *Londres*, 1767, in-12, dem.-rel., v. ant., n. rog. *(Koehler)*.

658. Mélanges de Médecine, en 1 vol. in-8, dem.-rel., mar., n. rog. *Portrait*.

Extrait d'un mémoire de M. Fouquet.—Lettre de M. Desgenettes à

M. Pointe, sur l'influence de la manutention des tabacs sur la santé.— Gymnastique médicale, du saut, de la course et de la danse, par le baron Desgenettes.—Examen de quelques idées du maréchal de Saxe, sur la santé des troupes.

HYGIÈNE.—TRAITÉ DES ALIMENTS.

659. Le Ciel des philosophes, ou sont contenus les secretz de nature, et comme l'homme se peult tenir en santé et longuement vivre, composé par Ph. Ustade, extraict de Arnoult de Villeneuve, du Grand-Albert, R. Lulle, etc. *Paris*, 1546, pet. in-8, v. m. *Fig. dans le texte, rare*.

Titre et plusieurs feuillets refaits à la main avec le plus grand soin.

660. L'art de conserver sa santé, composé par l'école de Salerne ; trad. nouvelle en vers françois, par M. B. L. M. (Pinot). *La Haye*, 1743, in-12, cart.

661. Les secrets de nos pères, recueillis par le bibliophile Jacob (l'Art de conserver la santé). *Paris*, 1858, in-16, mar. br., fil. (*Ex. pap. lilas*).

662. B. Platinæ Cremonensis, de honesta voluptate, de ratione victus, et modo vivendi ; de natura rerum et arte coquendi libri X. *Coloniæ, ex officina Eucharii*, 1529, in-8, cart.

663. BROCHURES SUR LE SEL (7).

Des sels romains, par Thomassy. *Rome*, 1849.—De l'influence du sel. —De l'emploi du sel en agriculture et en horticulture, etc.

664. Jo. Bapt. Confalonerii, veronensis philosophi ac medici, de vini natura, eiusq. alendi ac medendi facultate, modis omnibus absolutissima disquisitio. *Basileæ*, 1535, in-12, v. mar.

665. Apicii Cœlii de obsoniis et condimentis, sive arte coquinaria libri decem, cum annotationibus Martini Lister. *Amstelodami*, 1709, in-12, vél. *Front. gravé. (Bel exemplaire.)*

665 *bis*. L. Nonni medici ichthyophagia, sive de piscium esu commentarius. *Antverpiæ*, 1616, pet. in-8, parch.

666. Le cuisinier français, enseignant la manière de

bien apprêter et assaisonner les viandes, qui se servent aux quatre saisons de l'année, sur la table des grands et des particuliers, par François Pierre, dit Varenne. In-12, cart. (*Rare et curieux*), manque le titre.

667. Physiologie du goût, ou méditations de gastronomie transcendante, par un professeur (Brillat-Savarin). *Paris*, 1828, 2 vol. in-8, dem.-rel.

668. Cours gastronomique, ou les dîners de Manant-Ville, par feu M. C. *Paris*, 1809, in-8, dem.-rel.

SCIENCES OCCULTES.

669. Opusculum de vaticiniis Sibyllarum. *Impressum Oppenheim (sine anno)*, in-4, cart., n. rog. (*Goth.*) *Figures*.

Les figures sur bois sont d'une remarquable exécution.—Très-rare.

670. Albertus magnus. De secretis mulierum, item de virtutibus herbarum, lapidum et animalium. *Amst.*, 1669, in-12 vél.

671. Les livres de H. Cardanus, medecin milannois, intitulez de la subtilité, et subtiles inventions; ensemble les causes occultes et raisons d'icelles, trad. de latin en françois par Richard le Blanc. *Rouen*, 1642, in-8, vél. *Figures*.

672. Ephemerides æris perpetuæ : seu popularis et rustica tempestatum astrologia, autore A. Mizaldo Monluciano. *Antverpiæ*, 1560, pet. in-12, dem.-rel.

673. Chiromancie. In-8, cart.

Intéressant manuscrit sur ce sujet, de la fin du XVIIe siècle. C'est une espèce de mémorandum plutôt qu'un traité complet, une sorte de programme à suivre pour étudier cette science.

On y trouve aussi des notions de physiologie et de physiognomonie.

Le texte est accompagné de dessins explicatifs à la plume.

674. A. Kircher. Magnes, sive de arte magnetica opus tripartitum. *Romæ, Grignani*, 1641, in-4, v. gr. *Titre gravé, figures*.

Première édition.

675. Les prophéties de maître Michel Nostradamus,

dont il y en a trois qui n'ont jamais été imprimées. *Lyon, J. Viret,* 1697, in-12, n. rel. *Portrait.*

SCIENCES MATHÉMATIQUES.

GÉOMÉTRIE. — ASTRONOMIE.

676. Geometrie praticque, composée par noble philosophe Charles de Boüelles, jadis chanoine de Noyon...; plus l'art .de mesurer toutes superficies rectilignes, tiré des élémens d'Euclide, par J. des Merliers, d'Amiens. *Paris, Denise Cavellat,* 1511, in-8, vél. *Fig.* (*Interfolié de pap. blanc.*) *Très-rare.*

677. La reigle nationale des arpanteurs, par Michel Polin, de Grenoble. *Lyon, S. Jasserme,* 1634, pet. in-4, n. rel. *Figures.*
Rare.

678. Traité du nivellement, par Busson-Descars. *Parme, Bodoni,* 1813, in-4, dem.-rel. *Planches.*

679. Declaration de l'usage du graphometre, par la pratique duquel l'on peut mesurer toutes distances, des choses de remarque qui se pourront voir du lieu où il sera posé.... par P. Danfrie. *Paris,* 1597, pet. in-4, anc. rel., mar. *Figures gravées.*
A la suite ; *Traicté de l'usage du trigomètre. Figures sur bois.*—Rare. Imprimé en caractères de civilité.

680. Tarifs d'après le système métrique pour cuber les bois carrés et ronds, par R. Noury. *Paris,* 1808, v. r.

681. Traité analytique de la résistance des solides, et des solides d'égale résistance, par Girard. *Paris, an VI* (1798), in-4, dem.-rel. *Planches.*

682. Le point du jour, ou traicté du commencement des jours, et de l'endroict où il est estably sur la terre, par N. Bergier, advocat au siége présidial de Reims, *Reims, Nicolas Hecart,* 1629, in-12, v. gr., fil. (*Niedrée.*)

683. La science de l'homme de qualité, ou l'idée générale de la cosmographie, etc, par Ponza. *Turin*, 1788,
in-4, bas. *Blasons et cartes.*

684. L'horloge du laboureur, ou Méthode très-facile de
connoître l'heure de la nuit à l'aspect des étoiles. *Paris*,
Journault, 1791, in-4, br. *Planches.*

685. REPERTORIO DI LOS TIÈMPOS. (*A la fin*) : *Fue impresso en la muy noble et muy leal cibdad de Sevilla.
En casa de Juan Cromberger : el qual acabo a. ij. dias
del mes de Enero. Ano del Señor de mil r quinientos y.*
xxxiiij. (1534). Pet. in-8, en goth. avec calendrier.
Curieuses figures en bois. (Le titre refait à la main et
quelques ff. racc.). Rel. en vélin.

Exemplaire peut-être unique, et non cité.

686. Introduction à la fortification, par de Fer. *Paris,
s. d.*— Partie des forces de l'Europe, mis au jour
par de Fer. *Paris*, 1691, in-4, v. br. *Entièrement
gravé.*

CALLIGRAPHIE. — TYPOGRAPHIE. — RELIURE.

687. Essai sur la calligraphie des manuscrits du moyen
âge et sur les ornements des premiers livres d'héures
imprimés, par E. H. Langlois. *Rouen*, 1841, gr. in-8,
dem.-rel., d. et c. mar. viol., tête dor., n. rog. *Planches de fac-simile.*

688. La cryptographie dévoilée ou art de traduire et de
déchiffrer toutes les écritures en q.q. caractères et en
q.q. langue que ce soit, par Vesin de Romanini. *Paris*,
1857, in-8, dem.-rel., mar., tr. dor. *Portrait.*

689. Traité d'obscurigraphie, de déchiffrer ou traduire avec facilité toutes les écritures en caractères
allemands, anglais, arabes, arméniens, etc., par Fr.
Vésin. *Paris*, 1838, in-8, cart.

690. J. Danielis Schœpflini vindiciæ typographicæ.
Argentorati, 1760, in-4, dem.-rel., v. f., n. rog.

691. Histoire de l'invention de l'imprimerie par les monuments. *Paris*, 1840, gr. in-4, dem.-rel. ch. *Portrait de Gutenberg en chromolithog. et fac-simile.*

692. Origine de l'imprimerie, d'après les titres authentiques, par P. Lambert. *Paris*, 1840, 2 vol. in-8, bas. *Fac-simile.*

693. Histoire de l'imprimerie, par Paul Lacroix et F. Seré. *Paris*, 1852, gr. in-8, dem.-rel., d. et c., mar. du Levant, n. rog. *Figures.*

694. De l'origine et des débuts de l'imprimerie en Europe, par Aug. Bernard. *Paris*, 1853, 2 vol. in-8, dos et c. mar. vert, n. rog., tête dor. *Fac-simile.*

695. Recherches historiques et bibliographiques sur les commencements de l'imprimerie en Lorraine, et sur ses progrès jusqu'à la fin du xviie siècle, par Beaupré. *Saint-Nicolas-de-Port*, 1845, in-8, dem.-rel., v. ant.
Tiré à 300 exemplaires numérotés.

696. Essai philologique sur les commencements de la typographie à Metz et sur les imprimeurs de cette ville. *Metz*, 1828, in-8, dem.-rel., mar. rou., n. rog. *Portrait.*

697. Histoire de l'Imprimerie impériale de France, suivie des spécimens, des types étrangers et français de cet établissement, par F. A. Duprat. *Paris*, 1861, I. I., gr. in-8, dem.-rel., dos et c. de mar. La Val., tête dor., n. rog.

698. Nouveau Manuel complet de typographie, cont. les principes de cet art, par A. Frey; nouv. édit. par E. Bouchet. *Paris*, 1857, 2 vol. in-18, dem.-rel. mar. bleu.

699. Essai sur la typographie, par A. F. Didot. *Paris*, 1851, in-8, dos et coins maroq. bleu, n. rog., tête dor. *Planches.*

700. Épreuves des caractères de la fonderie de J. L. de Boubers. *Bruxelles*, 1779, in-8, br. (*Envoi d'auteur.*)

701. Notice sur la lithographie, suivie d'un essai sur la reliure et le blanchiment des livres et gravures, par F. Mairet. *Châtillon-sur-Seine*, 1824, in-12, cart. *Figures*.

702. Essai sur l'art de restaurer les estampes et les livres, par A. Bonnardot.—De la réparation des vieilles reliures, par le même. *Paris*, 1858; en 1 vol. in-12, dos et coins maroq. rou., n. rog., tête dor.

703. Essai historique et archéologique sur la reliure des livres et sur l'état de la librairie chez les anciens, par Gabr. Peignot. *Dijon*, 1834, in-8, dem.-rel. maroq. rouge.

ARCHITECTURE.

ARCHITECTURE CIVILE , NAVALE, RURALE. — FORMATION
DES JARDINS.

704. Nouveau livre des cinq ordres d'architecture, par J. Barozzio Vignol. *Paris, Crépy*, 1781, in-fol. vélin.

Volume entièrement gravé.

705. De la distribution des maisons de plaisance, et de la décoration des édifices en général, par J. F. Blondel. *Paris, Jombert*, 1737, 2 vol. gr. in-4, v. f. *Orné d'un bon nombre de belles planches*.

Fort bel exemplaire de cet ouvrage très-recherché.

706. Le théâtre de l'art de carpentier (*sic*), enrichi de diverses figures, avec interprétation d'icelles, faict et dresse par Mathurin Jousse, de la Flèche. *La Flèche*, G. Griveau, 1627, in-fol., dem.-rel. *Gravures sur bois*.

Suivi de : Brief traicté des cinq ordres des colonnes. *Figures*.

707. Traité de l'art du charpentier, pour faire suite aux Arts et Métiers, par Hassenfratz. *Paris*, 1804, in-4, (1re partie). *Planches*.

708. Histoire de la charpenterie et des anciennes com-

munautés et confréries de charpentiers de la France
et de la Belgique, par Paul Lacroix (bibliophile Jacob),
E. Bégin et F. Seré. *Paris*, 1858, gr. in-8, dem.-
rel., d. et c. cuir de Russie, tête dor., non rogné.
Planches.

709. Traité de la coupe des bois, pour le revêtement
des voûtes, arrière-voussures, trompes, etc., utile
aux arts de charpente, menuiserie et marbrerie, par
E. Blanchard. *Paris*, 1729, gr. in-4, cart. *Nom-*
breuses planches.
Ouvrage dont on fait beaucoup de cas, et presque introuvable.

710. Programmes, ou Résumés des leçons d'un cours
de construction, avec des applications tirées principalement de l'art de l'ingénieur des ponts et chaus-
sées, etc., par Sganzin. *Paris*, 1821, in-4, dem.-rel.
Planches.

711. Dictionnaire d'architecture civile, militaire et navale, et de tous les arts et métiers qui en dépendent,
avec les termes en françois, latin, italien, espagnol,
anglois et allemand, par Roland Le Virloys. *Paris*,
1770, 3 vol., in-4, rel.

712. Éléments de l'architecture navale, ou Traité pratique de la construction des vaisseaux, par Duhamel
du Monceau. *Paris*, 1752, in-4, v. mar. *Nombre de*
planches.

713. Traité sur la construction des vaisseaux, par du
Maitz de Goimpy. *Paris*, 1776, in-4, anc. rel. mar.
rou., dent., tr. dor. *Planches.* (*Aux armes.*)

714. La Science de l'ingénieur, divisée en trois parties,
où l'on traite des chemins, des ponts, des canaux et
des aqueducs, par J. R. Delaistre. *Lyon*, 1825, 2 vol.
et *atlas de 56 planches*, in-4, dem.-rel.
Première édition de cet ouvrage estimé.

715. Théorie des jardins ou l'Art des Jardins de la
nature, par J. M. Morel. *Paris*, 1802, 2 tom. en 1 vol.
in-8, v. ant., fil.

716. L'art de former les jardins modernes ou l'art des

jardins anglois, trad. par Latapie. *Paris*, 1771, in-8, br.

717. Traité de la composition et de l'ornement des Jardins (par Boitard). *Paris*, 1839, 2 vol. in-8 obl. dont 1 *atlas de planches*, br.

718. Les quatre Jardins royaux. *Paris*, 1826, 4 vol. in-18, br., dans un étui mar. rou.

719. Plans des plus beaux Jardins pittoresques de France, d'Angleterre et d'Allemagne, et des édifices, monuments, fabriques, etc., qui concourent à leur embellissement, dans tous les genres d'architecture, par Ch. Krafft. *Paris*, 1809, pet. in-fol. obl. *Orné de 96 planches*.
Texte en français, en anglais et en allemand.

ARTS DIVERS.

720. Secrets concernants les arts et métiers, ouvrage utile non-seulement aux artistes, mais encore à ceux qui les emploient. *Paris*, 1790, 2 vol. dem.-rel.

721. L'art de tourner, ou de faire en perfection toutes sortes d'ouvrages au tour, par Charles Plumier. *Paris*, Jombert, 1749, in-fol. v. m. *Nombreuses planches*.

722. L'Art d'empailler les oiseaux cont. des principes de théorie nouveaux, etc., par Mouton-Fontenille. *Lyon*, 1811, in-8, cart. *Figures*.

723. Mémoire instructif sur la manière de rassembler, de préparer de conserver, et d'envoyer les diverses curiosités d'histoire naturelle (par le chev. Turgot), suivi de : Avis pour le transport par mer des arbres, des plantes vivaces, des semences et de diverses autres curiosités d'hist. naturelle (par Duhamel du Monceau, etc.). *Lyon*, 1758, in-8, v. mar.

724. Mémoire sur le vernis de la Chine, par P. d'Incarville, in-4, cart. *Planches*.
Extrait du Journal des savants.

725. Nouvelles découvertes pour l'avantage et l'utilité du public, par le Roy Stanislas. *Nancy*, 1758, in-4, cart. *Planches.*

726. Sauvegarde pour ceux qui craignent la fumée et instruction pour faire cheminées neufves, corriger les vieilles, pour éviter l'incommodité de la fumée, l'accident du feu et naissance de la suie, plus un traité des entonnoirs, par J. Bernard. *Dijon, Cl. Guyot*, 1621, in-8, cart.

Volume très-rare, mais malheureusement en mauvais état.

727. Caminologie, ou Traité des cheminées cont. des observ. sur les différentes causes qui font fumer les cheminées, avec les moyens pour corriger ce défaut (par P. Hébrard). *Dijon*, 1756, in-12, v. mar. *Figures.*

EXERCICES GYMNASTIQUES.

Art des armes.—Danse.

728. Hieronymi Mercurialis de arte gymnastica libri sex. *Venetiis, apud Juntas*, 1573, in-4, vél. *Figures en bois bien gravées.*

729. Tauromaquia completa, ó sea el arte de torear en plaza tanto a pié como a caballo, por F. Montes. *Madrid*, 1836, in-12, bas. *Portrait.*

730. Traité de l'art des Armes, à l'usage des professeurs et amateurs, par La Boëssière. *Paris*, 1818, in-8, v. rac. *Planches.*

731. Du tir des armes à feu et principalement du tir du fusil, par Delorme du Quesney, etc. *Bruxelles*, 1846, in-12, br.

732. Recherches sur les archers, arbalestriers et arquebusiers de France, par L. Boileau. *Tours*, 1848, in-8, dem.-rel., mar. vert. *Planche.*

·733. De l'Artillerie de la ville de Lille au XIVᵉ, XVᵉ et
XVIᵉ siècles, par La Fons-Melicoq. *Lille*, 1854, in-8,
dem.-rel., mar. rou.
Archers.—Arbalétriers.—Canonniers.

734. Notice historique sur la Compagnie des archers
ou arbalétriers et ensuite des arquebusiers de la ville
de Châlons-sur-Marne, et sur la fête donnée par elle
en 1754, par Sellier. *Paris*, 1857, in-8, cart.

735. Histoire anecdotique et pittoresque de la danse
chez les peuples anciens et modernes, par Fertiault.
Paris, 1854, in-18, dem.-rel. mar. vert., n. rog., tête
dorée.

CHASSE ET PÊCHE.

CHASSE.—VÉNERIE.—FAUCONNERIE.

A. *Dictionnaires.—Encyclopédies.—Journaux.—Cartes des chasses.*

736. Dictionnaire des forêts et des chasses, publ. par
le *Journal des Chasseurs*, sous la direction de
M. L. Bertrand. *Paris*, 1846, gr. in-8, cart., n. rog.

737. Dictionnaire des chasses, par Baudrillart. *Paris*,
1834, in-4 et *atlas* in-fol., dem.-rel.

738. Dictionnaire des chasses, cont. l'explication des
termes sur cette matière, par Langlois. *Paris*, 1739,
in-12, bas.

739. Dictionnaire théorique et pratique de chasse et de
pêche, par Delisle de Sales. *Paris*, 1769, 2 vol. in-12,
v. mar.

740. Edits, Proclamation, Déclaration, Arrêts et Ordonnance. 7 br. in-4 (1716-90.)
Domaine de Versailles.— Création d'une capitainerie des chasses pour
le parc de Meudon.—Sentences rendues par les officiers de la capitainerie
des chasses de Vincennes.—Aménagement de la forêt de Brotonne. Etc.

741. Essai historique et légal sur la chasse (par Mar-

chand, avocat). *Londres,* 1769, in-12, dem.-rel., v. bl., n. rog.

742. Sujets de plaintes des habitants de la campagne, ou fureur des lièvres et lapins des environs de Paris, occasionnée par l'abus qu'on a fait du droit de chasse. *Paris,* 1789, in-8, .cart. (*Très-rare.*)

743. Manuel du chasseur et des gardes-chasse, par de Mersan. *Paris, Pâris,* 1808, in-18, rel.

743 *bis.* Le même, 1822, in-18, rel. *Fig. et airs notés.*

744. Encyclopédie méthodique.—Dictionnaire de toutes les espèces de chasses. *Paris, an III,* in-4, cart., n. rog., et atlas *de planches,* in-fol., rel.

745. Manuel des chasses, ou dissertation sur le droit de chasse, etc. *Blois,* 1762, in-12, v. mar.

746. Nouveau manuel des chasseurs, par C. Souquet, avec une notice sur la maladie des chiens, par Everts. *Paris,* 1826, in-12, cart.

747. Album du chasseur, par Doneaud du Plan. *Paris, Lefevre,* 1823, in-18, dem.-rel. *Figures.*

748. Musée du chasseur, ou collection de toutes les espèces de gibier de poil ou de plume qu'on chasse au fusil, avec la description de leurs caractères, de leurs mœurs, etc., rédigé par un chasseur naturaliste. *Paris,* 1838, 2 part. en 1 vol. gr. in-8, dem.-rel., mar. rou. *Figures coloriées.*

749. Almanach des chasseurs et des gourmands. *Paris,* in-12, dem.-rel., mar.
Chasse.—Table.—Causeries.

750. Traité du fusil de chasse, et moyens d'améliorer la portée, le fini et la durée, par H. Mangeot. *Bruxelles,* 1851, in-8, dem.-rel., maroq. *Figures.*

751. Journal des Chasseurs. Environ 80 livraisons.

752. Bibliotheca venaticorum, continens auctores qui de venatione, sylvis, aucupio, piscatura et aliis spec-

tant., congessit G. Ch. Kreysig. *Altenburgi*, 1750, in-12, car.

753. Recueil des lieux où l'on a accoustumé mettre les relais pour faire la chasse au cerf par J. de Chauffourt, lieutenant des forests au bailliage de Gisors. *Rouen*, 1642, in-12, dem.-rel., mar. La Vall. (*Rare.*)

754. Grande carte des chasses sous Napoléon Ier, montée sur toile, dans un étui.

755. Carte des chasses de la forêt de Rambouillet, réduction faite pour S. M. l'Empereur et Roi, sur toile, dans un étui.

B. *Auteurs grecs et latins.*

756. Traité de la chasse de Xénophon, trad. en françois par J. B. Gail. *Paris*, 1801, in-18, dem.-rel., v. ant. *Figure.*

757. Traitez de la Chasse, composez par Arrian, Athenien, et par Oppian (trad. du grec par Samuel Fermat.) *Paris, Daniel Hortemels*, 1690, in-12, v. fau., filets. (*Closs.*)

758. Observations sur la traduction du traité de la chasse de Xénophon, par Gail.—Nouvelles observations critiques.—Réponse de Gail.—Sur la réponse de Gail, 4 br. en 1 vol. in-8, dem.-rel.

759. Arrian, on coursing. The cynegeticus of the younger Xenophon, translated from the Greek, with classical and practical annot..... to which is added an appendix, containing some account of the canes venatici of classical antiquity. *London*, 1831, in-4, cart. toile, n. rog. *Jolies figures sur papier de Chine.*
A la fin du volume, suit la *Bibliotheca cynegetica.*

760. I quattro libri della Caccia di Tito Giov. Scandianese con la dimostratione de Luochi de Greci et latini scrittori, et con la tradottione della sfera di Proclo Greco in lingua italiana tradotta dall' autore,

cosa a tal soggetto necessaria, *Vinegia*, 1526, in-4,
vel. *Figures dans le texte.*

761. Imp. Cæs. Manuelis Palæologi Aug. præcepta edu-
cationis regiæ (græcè et lat.), ad Joannem Filium.
Basileæ, ex officina P. Pernæ, 1578, 2 vol. in-8, v. gr.
Le second volume traite : *de venatione, de aucupio,* etc.

762. Beliserarii Aquivivi Aragonii Neritinorum ducis
de principiam liberis educandis de venatione, de aucupio, de re militari, de singulari certamine his additum
M. Marulli. *Basileæ, P. Pernæ* (1578), in-8, dem.-rel.,
mar. vert.

763. Reliqua librorum Friderici II imperatoris, de Arte
venandi cum avibus, cum Manfredi regis additionibus
ex membranis vetustis nunc primum edita, Albertus
Magnus, de Falconibus, Asturibus, et Accipitribus.
Augustæ Vindelicorum, 1596, in-12, dem. - rel.
(*Très-rare.*)

764. Reliqua librorum Friderici II imperatoris, de Arte
venandi cum avibus, cum Manfredi regis additionibus
accedunt Alberti magni capita de Falconibus. Asturibus
et Accipitribus quibus annot. addidit suas J. G. Schneider. *Lipsiæ,* 1788, 2 vol. in-4, cart., n. rog.

765. Tractatus de venatione, piscatione, et aucupio
Sebastiani medici. *Coloniæ Agrippinæ,* 1598,
pet. in-8, v. fauve, fil., larges dent., tr. dor.

766. Natalis Comitis mythologiæ, sive explicationis fa-
bularum libri decem..... ejusdem libri IIII de venatione. *Genevæ, Samuel Crispinus,* 1612, fort vol.
(300 p. environ), in-8, mar. (*Aux armes.*)

767. De venatione tractatus, in quo de piscatione,
aucupio, sylvestriumq; insectatione agitur.....;
auct. Alfonso Isachio. *Regii, apud Fl. Bartolum,*
1625, pet. in- 4, dem.-rel. v.

768. J. Ulitii venatione novantiqua. *Ex officina Elzeviriana,* 1645, pet. in-12, v. fau., dent., tr. dor. *Titre
gravé.*
Bel exemplaire, relié par Simier.

769. Autores rei venaticæ antiqui cum comment. Jani
Ulitii ad Christinam Augustam. *Lugd.-Batav., Elsevi-*
rios, 1653, pet. in-12, v. gr.

770. Cynographia curiosa, seu canis descriptio, juxta
methodum et leges illust. acad. naturæ curiosorum
adornata..., à Christ. F. Paullini. *Norimbergæ*, 1685.
in-4, dem.-rel.

770 bis. De venatione et piscatione. In-4, dem.-rel.,
mar. rou.

Manuscrit d'une bonne écriture du xviie siècle.

771. TRAITTÉ DE LA VÉNERIE, par feu M. Budé, conseiller du roi François 1er, traduict du latin en françois
par Loys le Roy dict Regius suyvant le commandement qui lui en a esté faict à Blois par le Roy Charles IX, publ. pour la première fois d'après le Ms.
de la bibliothèque de l'Institut, par H. Chevreul. *Paris,*
Aug. Aubry, 1861, pet. in-8.

EXEMPLAIRE SUR PEAU VÉLIN. Il n'en a été tiré que 5 exemplaires.

771 bis. Le même, papier vergé, br.

C. *Auteurs français anciens et modernes.*

772. LE LIVRE DU ROY MODUS et de la Royne Racio,
nouvelle édition, conforme aux manuscrits de la Bibliothèque Royale, ornée de gravures faites d'après
les vignettes de ces manuscrits fidèlement reproduites,
avec une préface, par Elzéar Blaze. *Paris, l'auteur,*
1839, gr. in-8, en goth.

Superbe exemplaire, relié en bois et recouvert de maroquin, br., fers
à froid. (*Despierres.*)
Réimpression devenue rare.

773. Le miroyr de Phebus des deduictz de la chasse
aux bestes saulvaiges et des oyseaulx de proye, avec
l'art de faulconnerie et la cure des bestes et oyseaulx
a cela propices. *On les vend à Paris, par Philippe le*
Noir, *s. d.*, pet. in-4, goth., mar. vert., fil., tr. dor.
(*Bauzonnet-Trautz.*)

Figures sur bois.—Un feuillet refait.—Exemplaire Solar.

774. Le Livre de la chasse du grand seneschal de Normandie et les ditz du bon chien Souillard qui fut au roy Louis de France XIe de ce nom, publ. par le baron J. Pichon. *Paris, Aug. Aubry*, 1858, pet. in-8, mar. vert du Levant, fil., tr. dor. *(Reliure de Capé.)*

EXEMPLAIRE SUR PAPIER DE CHINE. Tiré à huit exemplaires.

775. La Vénerie de Jaques du Fouilloux, gentilhomme, seigneur dudit lieu, pays de Gastine, en Poictou, avec plusieurs receptes et remèdes pour guérir les chiens de diverses maladies, plus l'adolescence de l'autheur. *Poitiers, par les de Marnefz et Bouchetz frères*, 1568, in-4, v. fauve, *figures.*

Édition très-rare.—Bel exemplaire.

776. La Venerie de Jacques du Fouilloux, gentilhomme du pays de Gastine en Poictou. *Paris, L'Angelier*, 1616. — La Fauconnerie de Jean de Franchières, grand prieur d'Aquitaine, avec tous les autres autheurs qui se sont peu trouver traictant de ce subject. *Paris*, 1607, en 1 vol. in-4, v. jas. fil. , *figures.*

Bel exemplaire de ces deux ouvrages recherchés des amateurs.

777. La Venerie de Jacques du Fouilloux, seigneur dudit lieu, gentilhomme du pays de Gastine en Poictou, de nouveau reveue et augm. du Miroir de Fauconnerie. *Paris*, 1640, in-4, dos et coins en cuir de Russie, *figures.*

778. Du Fouilloux. New Jägerbuch..... von Jäger der Jagten ansang, des Jägers Horn und stimme..... *Strasbourg*, 1590, in-fol. vél.

A la suite se trouve: *Die Wolffsjagt*, c'est-à-dire la chasse du loup, par J. Clamorgan.
Ce magnifique volume est orné de nombreuses et très-jolies figures en bois.—Rare.

779. La Chasse Royale, composée par le Roy Charles IX, nouv. édit. , préc. d'une introd. , par H. Chevreul. *Paris, Potier*, 1857, pet. in-12, maroq. vert, tr. dor., n. rog.

780. La Chasse Royale composée par le Roy Charles IX, très utile aux curieux et amateurs de chasse, nouv. édit. précédée d'une introd., par H. Chevreul. *Paris*, 1858, in-12, dos et coins de maroq. vert, n. rog., tête dor.

781. Livre du Roy Charles, de la chasse du cerf, publié pour la première fois d'après le Ms. de la bibliothèque de l'Institut, par H. Chevreul. *Paris, A. Aubry*, 1859, in-8, cuir de Russie, n. rog., tête dor., *portrait et planches.*

Exemplaire relié sur brochure.

782. Livre du Roi Charles, de la chasse du cerf, publ. pour la première fois d'après le Ms. de la bibliothèque de l'Institut, par H. Chevreul. *Paris, A. Aubry*, 1859, in-8, dos et coins maroq. olive, n. rog., tête dor. (*Capé*), *portrait et planches.*

L'un des sept exemplaires sur papier de Chine.

783. LA MEUTTE ET VENERIE pour le chevreuil, de haut et puissant seigneur messire Jean de Ligneville, chevalier comte de Bey, seigneur de Dombrot et de la basse Vosge, Berlize Faulcompierre. *A Nancy, par Antoine Charlot*, 1655, pet. in-4, v. fau. fil.

Rare et curieux volume.—Exemplaire Solar (vendu 130 fr.).

784. La meutte et venerie de messire Jean de Ligniville. *Nancy*, 1861, in-4, br. (*pap. vergé*), *épuisé.*

Tiré seulement à 111 exemplaires. Réimpression faite par les soins de M. le baron Grandjean d'Alteville.

785. LA VENERIE ROYALE divisée en IV parties; qui contiennent les chasses du cerf, du lièvre, du chevreüil, du sanglier, du loup et du renard. Avec le dénombrement des forests, etc., dédiée au Roy, par Robert de Salnove. *Paris, A. de Sommaville*, 1655, in-4, mar. olive, rel. jans., dent. intér., tr. dor. (*David.*)

Très-bel exemplaire de l'édition originale.—Très-rare.

786. La Vénerie royale divisée en IV parties, qui contiennent les chasses du cerf, du lièvre, du chevreuil, etc., avec le dénombrement des forests et

grands buissons de France, ou se doivent placer les
logemens, questes, et relais, pour y chasser, par R.
de Salnove. *Paris*, 1665, in-4, v. mar., *titre gravé*
(*très-rare*).

787. Manuel du chasseur, ou Traité complet et portatif
de venerie, de fauconnerie, etc. , par de Changran.
Paris, 1780, in-12, v. vert. (*avec des fanfares de
chasse en musique notée.*)

788. Traité de venerie, par M. d'Yauville, premier veneur, et ancien commandant de la venerie du Roi.
Paris, Impr. Royale, 1788, in-4, dem.-rel., v. fauve,
n. rog., tête dor. (*Simier.*)

789. Discours de l'antagonie du chien et du lievre,
ruses et proprietez d'iceux, l'un a bien assaillir, l'autre
a bien se défendre, composé par Jehan du Bec, abbé
de Mortemer, 1593, in-8, dos et coins maroq. rou.,
n. rog., tête dor.

Réimpression faite en 1850 par Crapelet, par les soins de M. Veinant.

790. Essay des merveilles de nature, et des plus nobles
artifices, par René François (le P. Binet). Neuvième
édit. *Rouen, Jean Osmont*, 1632, in-8, réglé, mar.
vert, tr. dor., rel. jans. (*Hardy.*)

Curieux essai d'encyclopédie traitant principalement de la vénerie et
de la fauconnerie.

791. Les ruses innocentes dans lesquelles se voit comment on prend les oyseaux passagers, et les non passagers, et de plusieurs sortes de bêtes a quatre pieds,
avec les plus beaux secrets de la pêche dans les rivières
et dans les estangs et un traité très-utile pour la
chasse, etc. (par frère François Fortin, religieux de
Grandmont), dit le Solitaire inventif. *Paris, de Sercy*,
1688, in-fol., v. gr., *figures*.

792. Les ruses innocentes dans lesquelles se voit comment on prend les oiseaux passagers, et les non passagers, et de plusieurs sortes de bêtes à quatre pieds,
avec les plus beaux secrets de la pêche. . . . ., par
F. F. F. R. D. G., dit le Solitaire inventif (Fr. Fortin),

suivant la copie de Paris, chez P. Brunel, 1695, pet. in-8, *figures*, mar. rou., jans. (*Capé.*)

Très-bel exemplaire.

A la suite se trouve : une copie manuscrite du Traité très-utile de la chasse pour facilement prendre toutes sortes de gibier, pour les quatre saisons de l'année (par de Strasse).

---

793. Traité des chasses, de la vénerie et fauconnerie, où est enseignée la méthode de connoistre les bons chiens..... *Paris*, 1681, in-12, dem.-rel. v. f.

794. Le parfait chasseur pour l'instruction des personnes de qualité ou autres qui aiment la chasse, pour se rendre capables de cet exercice....., par M. de Sélincourt père. *Paris, Gabriel Quinet*, 1683, in-12, mar. vert, rel. jans., tr. dor. (*Trautz-Bauzonnet.*)

795. Traité de toute sorte de chasse et de pêche, cont. la manière de faire, raccommod. et tendre toutes sortes de filets, etc. *Amsterdam*, 1714, 2 vol. in-12, v. gr., *figures.*

796. L'art de toute sorte de chasse et de pêche, avec celuy de guérir les chevaux, les chiens, et les oiseaux, et un dictionnaire de la chasse et de la pêche ; avec une explication des termes de la fauconnerie, mis en dialogue. *Lyon*, 1719, 2 vol. in-12, v. mar.

797. Les dons des enfans de Latone ; la musique et la chasse du cerf. Poëmes (par de Serré de Rieux). *Paris*, 1734, in-8, v. f. *Frontispices gravés, figures, et tons de chasse.*

798. Amusemens de la chasse et de la pêche où l'on enseigne la manière de prendre toute sorte d'oiseaux et d'animaux à quatre pieds. *Amsterdam*, 1743, 2 vol. in-12, v. gr., *figures.*

799. Nouveau traité de vénerie contenant la chasse du cerf, celles du chevreuil, du sanglier, du loup, du lièvre et du renard, etc., par un gentilhomme de la vénerie du Roy (Gaffet de la Briffardière, et publ. par

Cl. de Chappeville). *Paris, Nyon*, 1750, in-8, veau marb. *Planches et musique gravées.*

800. Amusèments de la campagne ou nouvelles ruses innocentes, qui enseignent la manière de prendre aux piéges toutes sortes d'oiseaux et de bêtes à quatre pieds, etc., par Liger. *Paris*, 1753, 2 vol. in-12, v. marb. *Planches.*

801. Traité de vénerie et de chasses. *Paris*, 1769, 2 p. en 1 vol. in-4, v. m. *Figures.*

802. Les ruses du braconnage mises à découvert, ou mémoires et instructions sur la chasse et le braconnage, par Labruyère. *Paris*, 1771, in-12, dem.-rel., v. ant.

803. Les ruses du braconnage mises à découvert, ou mémoires et instructions sur la chasse et le braconnage, avec quelques fig. en taille de bois, par L. Labruyère. *Paris*, 1771, in-12, mar. vert, jans. tr. dor. (*David.*)
Peu commun.

804. Abrégé portatif de la chasse du cerf, tiré des meilleurs auteurs qui ont traité de cette matière et d'après la méthode pratiquée à la cour du roi de Sardaigne. *Turin, Honoré de Possi*, 1782, pet. in-8, dem.-rel., mar. v., n. rog. (*Kœhler.*)

805. Mémoire sur les moyens de perfectionner les remises propres à la conservation du gibier et obvier, en partie, aux dégâts qu'il cause dans les campagnes, par Le Breton. *Paris, Prault*, 1785, in-18 de 40 p., d. et c. mar. v. n. rog. (*Koelher*).

806. Traité de la chasse des principaux animaux qui habitent les forêts et les campagnes, par Buc'hoz. *Paris*, 1790, in-12, dem.-rel.

807. Suite du dictionnaire universel d'agriculture, cont. la chasse, la fauconnerie, la pêche, la cuisine et le manége. in-4, dem.-rel. *Figures.* (*Extrait de l'Encyclopédie.*)

808. Nouveau traité de la chasse et de la pêche, par René et Liersel. *Paris*, in-12, dem.-rel. mar. vert. *Figures.*

809. Septiesme livre de la Maison rustique.—Traité de la chasse,—petit in-4, cart.

810. Essai de vénerie ou l'art du valet limier, suivi d'un traité sur les maladies des chiens, d'un vocabulaire de chasse, d'un état des divers rendez-vous de chasse, etc., par Leconte Desgraviers, 2° éd. *Paris*, 1804, in-8, bas. rac.

811. Le parfait chasseur, traité général de toutes les chasses avec un appendice des meilleurs remèdes pour la guérison des accidens,... par A. Desgraviers. *Paris*, 1810, in-8, d.-rel. *Planches de figures et musique notée.*

812. Traité de la chasse au gibier à poil. *Paris*, 1818, in-12, dem.-rel., mar. viol. *Figures et tons de chasse.*

813. L'Ecole du chasseur, suivie d'un traité sur l'oisellerie, la pêche et les nouveaux fusils de chasse à piston, sans pierre, à foudre, à système, etc. (par Cuisin). *Paris*, 1822, in-12, d.-rel. *Figures.*

814. Art de multiplier le gibier et de détruire les animaux nuisibles. *Paris*, 1823, in-12, dem.-rel. mar.

815. Théorie générale de toutes les chasses au fusil à courre et à tir pour le gibier à poil et à plume et des grandes chasses royales (par J. Cussac). *Paris*, 1823, iu-12, v. mar. *Figures.*

816. Les amusements de la campagne cont. la descript. de tous les jeux, etc. ; l'histoire naturelle, les soins qu'exige la volière ; l'art d'empailler les animaux ; la pêche, les diverses chasses, etc., publ. par Paulin Desormeaux. *Paris*, 1826, 4 vol. in-12, dem.-rel., maroq. La Vall., n. rog. *Figures.*

817. Nouveau manuel du chasseur ou traité complet de chasse à tir et à courre, etc., par Thierry. *Paris*, 1838, in-18, dem.-rel. *Figures.*

818. Le vieux chasseur, par Deyeux. *Paris*, 1851, in-12,
br. 55 *Figures*.

819. Le chasseur du Midi, par E. Bresson. *Nîmes*, 1852,
in-8, dem.-rel. mar., n. rog., tête dor.

820. Traicté et abrégé de la chasse du lièvre et du chevreuil, dédié au roy Louis, tresiesme du nom, roi de
France et de Navarre, par René de Maricourt. *Paris*,
1858, in-8, dos et coins maroq. r., fil., n. rog., tête
d'or.

821. Traicté et abregé de la chasse du lièvre et du chevreuil, dédié au roy Louis treisième du nom, roy de
France et de Navarre, par messire René de Maricourt
(de Beauvais). *Paris, madame veuve Bouchard-Hu-*
zard, 1858, pet. in-8, maroq. vert, dent., tr. dor.
(*Weill.*)
Exemplaire sur peau vélin, blasons coloriés.

822. La chasse à la haie, par Peigné Delacourt. *Paris*,
1858, gr. in-4, cart., n. rog. *Figures, dont une en*
chromolithographie.

823. Les chasses de la Somme, par E. Prarond. *Paris*,
1858, in-8, gr. pap., dem.-rel, v. ant. *Fig.* (*Tiré à*
300 exemplaires.)

824. La vénerie française, par le baron Le Couteulx de
Canteleu. *Paris*, 1858, in-4, dos et coins de ma rq.
rou. du Levant, tête dor. *Types des races des chiens cou-*
rants.

TRAITÉS PARTICULIERS.

D. *Chasse au fusil, chasse au chien courant et au chien d'arrêt.*

825. Essai sur la chasse au fusil, cont. un détail de ce
qui concerne la fabrication des canons, etc. *Paris*,
1781, in-12, cart.

826. La chasse au fusil avec le supplément (par Magné
de Marolles). *Paris* (*Th. Barrois*), 1788-90, 2 parties

en 1 vol. in-8, d.-rel., dos et c. de maroq. bl. du Lev.,
n. rog. *Planches*.
Bel exemplaire.

827. La chasse au fusil, par Magné de Marolles, nouv.
édition. *Paris*, 1836 in-8, dem.-rel., v. vert. *Planches*.

828. Le tireur infaillible, guide du sportsman, en ce qui
concerne l'usage du fusil, cont. les leçons approfon-
dies sur la chasse de tous les gibiers, le tir au pigeon
et le dressage des chiens, par Marksman. *Paris*, 1861,
in-8, dos et c. mar. vert, n. rog., tête dor. *Figures*.

829. Traité complet de la chasse au fusil, dans lequel on
indique les moyens de faire choix d'un fusil, etc. *Paris*, 1823, in-12 (une partie de la table ms.). *Planches*.

830. L'Ecole de la chasse aux chiens courants, par Le
Verrier de la Conterie, précédée d'une bibliothèque
historique et critique des théreuticographes. *Rouen*,
1763, in-8, v. mar. *Fig. (Bel exemplaire.) Rare.*

831. Traité général des chasses à courre et à tir ; orné
de 36 planches, par une société de chasseurs et dirigé
par M. Jourdain, inspecteur des forêts et chasses du
roi. *Paris; Audot,* 1822, 2 vol. in-8, dem.-rel.

832. Le Verrier de la Conterie, normännischer Jäger,
oder die neueste Jagdschule. (La vénerie normande, ou
l'école de la chasse *avec les tons de chasse*, suivi d'un
appendice qui cont. la méthode de guérir les chiens
courants, etc.). *Munster,* 1780, in-8, cart. *Planches.*

833. L'Ecole de la chasse aux chiens courants ou vénerie normande, par Le Verrier de la Conterie ; nouv.
édit. *Paris*, 1845, in-8, dem.-rel., veau fauve.

834. Nouvelle vénerie normande, ou essai sur la chasse
du lièvre, du cerf, du chevreuil, du sanglier, du loup
et du renard, par Le Masson. *Avranches*, 1847, in-8,
dem.-rel., mar. v., t. dor., n. rog. (*Hérard.*)

835. Le chasseur au chien courant, par E. Blaze. *Paris*,
1859, 2 tom. en 1 vol. in-12, dem.-rel.

836. Le chasseur au chien d'arrêt, par E. Blaze. *Paris,
Moutardier*, 1836, in-8, v. v. fil.

837. Chasse au chien d'arrêt, gibier à plumes, par
Chenu. *Paris*, 1851, in-12, dem.-rel., mar. vert, n.
rog., tête dor. *Figures.*

838. Le chasseur au chien d'arrêt, par E. Blaze, 4ᵉ éd.,
avec une vignette. *Paris*, 1854, in-8, dem.-rel., parch.

839. Manuel du chasseur au chien d'arrêt. par L. de
Curel. *Metz,* 1857, in-8, dem.-rel., mar. bleu. *Fig.*

841. La chasse au chien d'arrêt, par A. de La Neuville.
Blois, 1860, in-12, dem.-rel., v. fau.

E. Chasse du loup.—Destruction des animaux nuisibles.

842. La chasse du loup, nécessaire à la maison rustique,
par J. de Clamorgan. Au roy Charles neufieme. *Paris,
J. Du Puis*, 1566, pet. in-4, dem.-rel. *Fig. en bois.*
Édition rare. Les deux der. ff. racc.

843. La chasse du loup, nécessaire à la maison rustique, par Jean de Clamorgan. En laquelle est contenue
la nature des loups, et la manière de les prendre, tant
par chiens, etc. *Paris,* 1602, in-4, belle rel. en vél.
Figures en nombre, gravées sur bois.

844. Nouvelle invention de chasse pour prendre et oster
les loups de la France..., avec trois discours aux pas-
toureaux françois, par Louys Gruau, prestre curé de
Sauge, diocèse du Mans. *A Paris, chez P. Chevalier,*
1613, in-8, mar. rou., tr. dor. (*Koehler.*)
Ouvrage rare et fort recherché, orné de six planches gravées en bois.

845. La chasse au loup de Mgr le Dauphin, ou la ren-
contre du comte du Rourre dans les plaines d'Anet.
Cologne, P. Marteau (Hollande), 1695, in-12, vél.
N'est pas commun.

846. Mémoire sur l'utilité et la manière de détruire les
loups. 1765, in-4, cart.

847. Méthodes et projets pour parvenir à la destruction des loups dans le royaume, par de Lisle de Moncel. *Paris, Impr. royale,* 1768, in-12, dem.-rel., v. fau., n. rog.

848. Méthodes et projets pour parvenir à la destruction des loups dans le royaume, par de Lisle de Moncel. *Paris, I. R.,* 1768, in-12, br. (Manq. les pages 33 à 40, et un tableau à la fin.)
Très-rare.

849. Méthodes sûres et faciles pour détruire les animaux nuisibles, servant de suppl. à l'hist. des insectes nuisibles. *Paris,* 1782, in-12, dem.-rel., mar. vert.

850. La chasse du loup, fort utile et nécessaire au mesnage des champs, par J. de Clarmongan, seigneur de Saane, en laquelle est contenüe la nature des loups et la manière de les prendre, tant par chiens, filets, piéges, etc. (*Extrait de la Maison rustique.*)

851. Instruction pour la destruction des loups, du ministre Lainé aux préfets. 1818, in-4, cart.

852. Les secrets, les mystères et les ruses de la chasse aux animaux nuisibles dévoilés. *Saintes,* 1860, in-18, dem.-rel.

853. La chasse du loup, par le baron Le Couteulx de Canteleu. *Paris,* 1861, in-4, br. *Planches photogr. d'après nature.*

F. *Auteurs et traducteurs espagnols, italiens, allemands et anglais.*

854. Auiso de caçadores y de caça. Ordenado por el magnifico y muy insigne doctor Pero Nuñez de Auedaño : letrado del illustrissimo señor dõ Ynigo Lopez de Mendoça, tercero deste nombre. *Impresso en la muy noble villa.... de Alcala de Henares, en casa de Joan de Brocar,* 1543, pet. in-4, goth., parch. (4 ff. prél., 38 ff. chiffrés, et 2 ff. non chiffrés.)
Bel exemplaire d'un livre fort rare. (Vendu 200 fr. vente Tross, 1861.)

855. Libro, de la Monteria que mando escrevir el muy
alto y muy poderoso rey don Alonzo de Castilla, y de
Leon Ultimo deste nombre; accrecentado por Gonçalo
Argote de Molina. *Sevilla*, 1581, pet. in-fol. vélin.
Figures en bois dans le texte.

856. Origen y dignidad de la caça, por Juan Mateos
Balestero; con privilegio, *en Madrid, por Fr. Martinez*, 1634, pet. in-4. *Front. gravé et planches.* mar.
vert, tr. dor. (*Trautz-Bauzonnet.*)
Superbe exemplaire de ce livre fort rare, surtout en France.

857. Il cinegetico o sia libriccino intorno alla caccia del
greco filosofo ed oratore Senofonte, trad. in italiano,
e di annot. e prefazione fornito dal Felice Testa.
Napoli, 1740, in-8, dos et coins mar. La Vall., fil.,
n. rog., tête dor.

858. Arte de ballesteria y monteria, escrita con me-
thodo para escusar la fatiga, que ocasiona la ignoran-
cia, por Alonso Martinez de Espinar. *En Madrid, por
Ant. Marin*, 1761, in-4, dem.-rel., d. et c. de mar.
br. (*Weill.*)
Orné de figures gravées.

859. El experimentado cazador o perfecto tirador, com-
puesto por D. J. M. G. N. *Madrid*, 1817, in-12, v. m.

860. La caccia di Giacomo di Foglioso, con molte ricette
e rimedii per risanare i cani da diverse malatie; trad.
da C. Parona. *In Milano*, 1615, pet. in-8, parch.
Figures en bois.

861. La caccia di Giacomo di Foglioso .... con molte
ricette et rimedij per risanare i cani da diverse malatie; tradotta di lingua francese da Cesare Parona.
In Milano, Comi, 1615, in-8, réglé, v. fau., fil., tr.
dor., *figures en bois* (*Petit*).
Cette traduction italienne de la Vénerie de Jacques du Fouilloux est
très-rare.

862. Il Simoncello o vero della caccia dialogo di Bal-
dovino di monte Simoncelli de signori di Viceno. *Firenze*, 1616, pet. in-4, dos et c. cuir de Russie.

863. Apologetico della caccia, da piu celebri autori delle materie trattate in questi otto libri raccolto, per l'eccellente dottor di Leggi Accursio Corsini. *Bergamo,* 1626, dos et coins de cuir de Russie.

864. Delle caccie di E. Raimondi Bresciano libri quattro, aggiun, in questa nuova impressione altre caccie che sperse in altri libri andavano. *S. l. n. d.* (1630), in-4, dos et coins de maroq. rou., n. rog., *titre gravé et figures. (Petit.)*

865. L'excellenza della caccia con l'uzo prattico della medema, opera di Solatio Romano. *In Roma,* 1669, in-12, vél.

866. Del collegio degl' antichi cacciatori pollentini in Piemonte, e della condizione de' cacciatori sotto i Romani, dissert. di J. Durandi. *In Torino,* 1773, in-8, dem.-rel., dos et c. de cuir de Russie, tête dor., n. rog.

867. La caccia dello schioppo di Nicola Spadoni. *In Bologna, per G. Longhi,* 1673, in-12, rel. jans., mar. v., tr. dor., *figures en bois.*

868. La venaria reale palazzo di piacere, e di caccia, ideato dall' al réale di Carlo Emmanuel II, duca di Savoia, re' di Cipro disegnato, et descritto dal conte Amedeo di Castellamonte. *Torino,* 1674, in-4, maroq. br., fil., comp. *Titre gravé, portrait et planches.*

869. La caccia dell' ill signor Erasmo di Valvasone, ricotretta et di molte stanze ampliata, con le annot. di Olimpio Marcucci. *Bergamo,* 1693, in-8, dos et coins de cuir de Russie, n. rog., tête dor.

869 *bis.* Le caccie delle fiere armate e disarmate, e degl' animali quadrupedi, volatili ed acquatici, opera nuova e curiosa di E. Raimodi, Bresciano. *Venezia,* 1785, in-8, dem.-rel., mar. rou., n. rog., *figures.*

870. La caccia considerata come prodotto selvano ad uso de forestali di Tondi. *In Napoli,* 1816, in-8, v. ant., dent. à froid.

Exemplaire de la duchesse de Berry, bibliothèque de Rosny.

871. Trattato della caccia di B. Crippa ; secunda edizione. *Milano*, 1834, in-12, dem.-rel., mar. La Val., n. rog., tête dor.

872. Der Dianen hohe und Niedere Jagtgeheimnüsz, darinnen die gantze Jagt-Wissenschafft anszführlich zu befinden, und zwar in diêsem ersten Theil, wie die Wälder und Höltzungen mussen versehen seyn..... von Tantzern. *Koppenhagen*, 1682, in-fol., cart. *Nombre de planches gravées dans le texte.* (Le dernier feuillet ms.)

873. Der fursichtige Weydemann, das ist, anszführliche Beschreibung vom Jagen, etc., etc. Pet. in-4, 7 *figures*, cart. (Très-bien conservé.)

Le chasseur circonspect, c'est-à-dire : description détaillée de la chasse, où est traité, d'après la nature et espèce, du grand et petit gibier, savoir : les cerfs, sangliers, lièvres, lapins, renards, blaireaux, loups, chevreuils, bouquetins, chamois, ours et loups-cerviers ; comment on peut les connaître suivant leurs traces, fientes, etc., et les chercher par les chasseurs et les chiens courants, ou si l'on n'a pas de chien, comment on peut les prendre par des filets, fosses, attrapes et autres engins.— Des personnes qui sont employées à la chasse, comment elles sont équipées et comment elles doivent parler d'après les termes de la vénerie ; comment il faut élever et dresser les chiens et comment on guérit leurs maladies.—Compilée à l'honneur et au plaisir des personnes de tout état qui trouvent plaisir dans cet exercice louable, par Jacob Agricola. Ausz., Bayern (imprimeur). *Nordlingen, F. Schultes Buchtruckern,* 1678.

874. Furst-Adliche neu-ersonnene Jagdlust (le nouveau plaisir de chasse des princes et des nobles. Vénerie, 427 p. ; Fauconnerie, 466 p. ; suppl. 351 p., sans les liminaires). *Nurnberg*, 1711, 3 part. en 1 fort vol. in-8, vél., *figures*.

875. Die Par Force Jagd der Hasen, beschrieben von einem Liebhader. (La chasse des lièvres aux chiens courants, décrite par un amateur.) *S. l.*, 1715, pet. in-8, cart. (108 pages.)

Petit volume, très-rare.

876. Lehrbuch fur Jäger und die es werden wollen (Manuel du chasseur et de ceux qui veulent le devenir); von G. L. Hartig. *Tubingen*, 1822, 2 vol. in-8, v. rac. (*Précédé d'un dict. des termes de chasse.*)

877. Holster idiotisemus venatorius, das ist : aufrich-
tiger Kleiner Lehrprinz der Jägersprache. *Dusseldorf,*
1855, in-4, cart.

Curieux album cynégétique de 50 ff., caricatures lithog., avec légendes en termes de chasse.

878. Cynegetica, or essays on sporting : consisting of
observat. on hare hunting, by W. Blane, esq., to
which is added the chace, a poem, by W. Somer-
ville. *London,* 1788, in-8, v. éc., fil., *figures.*

G. FAUCONNERIE.

Auteurs français, italiens, allemands et anglais.

879. LA FAUCONNERIE DE F. JAN DES FRANCHIÈRES, grand
prieur d'Aquitaine ; avec une autre fauconnerie de
G. Tardif ; plus la volerie de mes. Artelouche d'Ala-
gona.... *A Poitiers, par Enguilbert de Marnef,* 1567,
in-4, mar. rou., rel. jans., dent. intér., tr. dor.
(Thompson.)

Volume rare.—Exemplaire grand de marges.

880. La Fauconnerie de J. de Franchières, avec tous
les autres autheurs, qui se sont peu trouver traitans
de ce subject. *Paris,* 1602, in-4, v. jas., *figures.*

881. Le miroir de fauconnerie, où se verra l'instruction
pour choisir, nourrir et traicter, dresser et faire voler
toute sorte d'oyseaux...., par P. Harmont, dit Mercure. *Paris, Cardin Besongne,* 1635, pet. in-8, mar.
vert, rel. jans., tr. dor. *(Duru.)*

Seconde édition. Bel exemplaire réglé.—Rare.

882. La Fauconnerie de Charles d'Arcussia de Capre,
seigneur d'Esparron....., en Provence; avec les portraicts au naturel de tous les oyseaux. *Rouen, Fran-
cois Vaultier,* 1643, in-4, *planches,* v. fau., fil., tr.
dor. *(Duru.)*

Très-bel exemplaire, avec les *lettres de Philoierax à Philofalco,* le discours de chasse où sont représentez les vols faits en une assemblée de fau-
conniers, par le même, 1644.

883. Le véritable fauconnier, par Mre C. de Morais, chevalier, seigneur de Fortille, cy-devant chef du Heron
de la grande fauconnerie. *Paris, Gab. Quinet*, 1683,
in-12, maroq. br., rel. jans. (*Hardy*), *lég. piq. dans
le bas de la marge.*

884. Traité des chasses, de la vénerie et fauconnerie,
par le s^r Legendre, curé d'Henonville. *Paris, Legras*,
1684, pet. in-12, bas.

Précédé de : *la Manière de cultiver les arbres fruitiers*, par le même.

885. Moyens de conserver le gibier par la destruction
des oiseaux de rapine ; traité de la pipée, chasse amu-
sante et divertissante très-convenable aux dames (par
Simon). *Paris*, 1738, in-12, v. gr., *figures.*

886. Le livre du faulcon. *London, William Bulmer*,
1817, in-8, dem.-rel. v. fau., tr. dor.

Jolie réimpression, en gothique, faite d'après une édition du xve siècle,
et tirée à très-petit nombre sur papier vélin, in-4, pour les membres du
Roxburghe club.

887. Tre libri degli uccelli da rapina, di M. Francesco
Sforzino da Carcano, con un trattato de cani. *In Vinegia, appreso G. Giolito*, 1568, pet. in-8, v. fau., tr.
dor. (*Koehler.*)

888. Tre libri degli uccelli da rapina, di Fr. Sforzino
da Carcano, ne quali si contiene la vera cognitione
dell' arte de struccieri, et il modo di conoscere, am-
maestrare, reggere et medicare tutti gli augelli rapaci. *Venetia*, 1585, in-8, dos et c. de vél. blanc.
(*Très-rare.*)

889. Dialogo de la caccia de Falconi, Astori et Spar-
vieri di F. Codroipo. *Udine*. 1600, pet. in-4, v. gr.
(*Armes.*)

890. Lo strucciero di Bernardino Gallegaris nobile opi-
tergino, doue si discorre del modo di conoscere alleuare,
e ridurre gli vecelli rapaci all' uso della caccia, e come
si curino li loro mali. *Venetia*, 1646, pet. in-8, dos et
coins mar. rou., n. rog., tête dor.

891. La caccia dell' arcobugio del cap. Vita Bonfadini con la pratica del tir are in volo in aere, et a ferita. *Ferrare, s. d.* (1652)., pet. in-12, dem.-rel. *Lavé reglé. (Rare.)*

892. Uccelliera, overo discorso della natura, di diversi uccelli, e in particol. di que che cantano, con il modo di prendergli, conoscergli, allevargli, e mantenergli ; opera di G. P. Olina. *In Roma*, 1684, in-4, parch. *Belles figures à l'eau-forte.*

893. Degli uccelli in Gabbia, overo ammaestramenti per allevare pascere, e curare gli ucelli li quali s'ingabbiano ad uso di cantare; con la deliziosa arte dell' uccellare ; opera composta da C. Manzini. *In Bologna*, 1726, in-12, rel. jans., mar. v., tr. dor.

894. Il falconiere di Jacopo Augusto Tuano, coll' uccellatura a vischio di P. A. Bargeo. Ozii studii di Bergantini (avec le texte latin). *In Venezia*, 1735, in-4, en 2 part, cart., n. rog., *portrait et frontispice gravés.*

895. La cacciagione de volatili osia l'arte di pigliare uccelli in ogni maniera, opera del roccolista Giov. Pontini. *Vicenza*, 1758, pet. in-4; *figures.*

896. Dell' arte del strucciero, con il modo di conoscere e medicare falconi, astori e sparavieri, e tuttigli uccelli di rapina, da F. Carcano.—Libro di Frederico Giorgio, del modo di conoscere i buoni falconi, astori, etc. — Ammaestramenti per allevare, pascere e curare gli uccelli, da Manzini. *In Milano*, in-12, cart., *figures.*

897. Angenehme Land-Lust, deren man in Städten und auf dem Lande..... (Les agréables plaisirs champêtres dont on peut jouir innocemment et d'une manière peu dispendieuse, aussi bien à la ville qu'à la campagne : ou connaissance des oiseaux, manière de les prendre par les piéges et de les élever.....; avec des remarques nécessaires sur le traité des serins de Canarie, de Hervieux, et sur l'oisellerie de Aitinger ;

on y a ajouté le Plaisir de la chasse, par Mitelli. *Francfort*, 1720, in-8, v. gr., *figures.*

Curieux volume.—Incomplet du dernier chapitre.

898. Falknerklee, bestehend in drey ungedruckten Werken über die Falknerey (Le Trèfle du fauconnier, consist. en trois ouvrages inédits sur la fauconnerie, avec les textes grec et turc), von Hammer-Purgstall. *Wien, Hartleben*, 1840, gr. in-8, dem.-rel., *figures.*

Belle édition qui n'a été tirée qu'à 300 exemplaires.

899. LATHAM'S FAULCONRY, or the faulcons lure and cure : in two books, the first concerning the ordering and training up of all hawks in generall; especially the haggard faulcon-gentle; the second, teaching approved medicines for the cure of all diseases in them. *London,* 1658, 2 tom. en 1 vol. pet. in-8, v. gr., fil.

Cet ouvrage curieux et estimé est orné de figures en bois. Le faux titre a été légèrement racc. TRÈS-RARE.

900. Rei accipitrariæ scriptores nunc primum editi accessit ΚΙΝΟΚΟΦΙΟΝ liber de cura canum.. *Lutetiæ, Morellus*, 3 part. en 1 vol. in-4, vél.

H. CHASSE AUX OISEAUX.

901. Instruction pour élever, nourrir toutes sortes de petits oiseaux, avec un petit traité pour les maladies des chiens. *Paris, chez de Sercy*, 1697. — Traité du rossignol pour faire suite au précédent. *Paris, chez de Sercy*, in-12, v. gr.

902. Les plaisirs innocents et amoureux de la campapagne, cont. le traité des mouches à miel, avec méthode d'élever, nourrir et guérir toutes sortes d'oyseaux de ramage, et un traité des chasses, vénerie et fauconnerie. *Amsterdam*, 1699, in-12, v. br. *Figures.*

903. Nouveau traité des serins de Canarie, cont. la manière de les élever, les aparier pour en avoir de belles sortes, etc., par Hervieux. *Paris*, 1740, in-12, v. mar.

904. Précis sur la manière d'élever les faisans et les

perdreaux (par Joly de Fleury). *Paris, G. Simon.*
1772, in-12, v. fau., fil., tr. dor. 1 *planche gravée
en bois (Thompson.)*

905. Aedonologie, ou traité du rossignol franc ou chan-
teur, cont. la manière de le prendre au filet, de le
nourrir, etc. (par A. de|Nobliville). *Paris,* 1773, in-12,
v. mar. *Figures.*

906. Les amusemens innocens, cont. le traité des oiseaux de volière, ou le parfait oiseleur, etc. (par Buchoz).
Paris, 1774, in-12, dem.-rel., mar. vert, n. rog.,
tête dor.

907. Les agrémens des campagnards dans la chasse
des oiseaux, et le plaisir des grands seigneurs dans
les oiseaux de fauconnerie, par Buç'hoz. *Paris,* 1784,
in-12, dem.-rel.

908. Amusemens des dames dans les oiseaux de volière, ou traité des oiseaux qui peuvent servir d'amusement au beau sexe. par Buc'hoz. *Paris,* 1785,
in-12, cart., n. rog.

909. Traité de la chasse aux oiseaux et de toutes les ruses dont on se sert pour les prendre, par Bulliard;
nouv. édition. *Paris,* 1818, in-12, cart. *Figures,*

910. Trattato delle malattie degli uccelli e dei diversi
metodi di curarle si aggiungono alcune altre richer-
che utili e curiosi di ornitologia del dott. L. Bossi.
Milanò, 1822, in-8, dem.-rel., mar. vert, n. rog.

911. Aviceptologie française, ou traité général de toutes
les ruses dont on peut se servir pour prendre les oiseaux, par Buliard,... et d'un traité succinct du rossignol, par J. Cussac. *Paris,* 1822, in-12, cart. *Figures.*

912. Secrets de la chasse aux oiseaux, cont. la manière
de fabriquer les filets, les piéges, etc., par M. G.
Paris, 1826, in-12. dem.-rel, mar. vert. *Figures.*

913. Le chasseur au filet, ou la chasse des dames, par
Elz. Blaze. 1839, in-12, dem.-rel.

914. Secrets anciens et modernes de la chasse aux oiseaux, par J.-J. G., amateur. *Paris*, 1850, in-18,
dem.-rel., mar, vert.

915. L'art d'élever et de multiplier les serins canaris et
hollandais, par J. Jannin. *Paris*. 1852, in-12, dem.-rel.
v. f. *Fig. coloriées.*

916. L'art d'élever et de multiplier les faisans, par A.
Verguet. *Paris*, 1853, in-12, dem.-rel., v. rose, non
rogné. *Figures.*

917. Aviceptologie française, ou traité général de toutes les ruses dont on peut se servir pour prendre les
oiseaux, par Kresz aîné. *Paris*, 1854, in-12, dem.-rel.
mar. *Figures.*

918. Manuel de l'oiseleur, ou l'art de prendre, d'élever
et d'instruire les oiseaux. *Paris*, 1857, in-18, cart,
Figures,

919. L'art d'élever et d'attraper les oiseaux de volière
qui chantent et qui parlent, cont. la descript. de tous
les oiseaux qu'on élève généralement dans les volières, par J. Jannin. *Paris*, 1860, in-12, dem.-rel.,
maroq. Lavall., n. rog. *Planches coloriées.*

920. Guide pratique pour élever les cailles et les perdrix,
colins ou cailles d'Amérique, etc., par l'abbé Allary.
Paris, 1860, in-12, dem.-rel. mar, vert. *Figures.*

921. Nouveau manuel du faisandier, par Gérard. *Paris*, 1860, in-12, dem.-rel., v. fauve.

922. Almanach du chasseur de papillons et de tous les
insectes, suivi de la manière de les préparer et d'en
faire des collections. *Paris*, 1846, in-12, dem.-rel.

I. DES CHIENS DE CHASSE.

923. Ad christianissimum regem Galliæ, de canibus venatione libellus, auth. Michaele Angelo Blondo .*Romæ*,
1564, pet. in-4, dos et c. cuir de Russie, tr. dor.

924. L'art du valet de limier, avec la manière la plus simple de dresser un chien de plaine, etc., par M⁺ Desgraviers. *Paris*, 1784, pet. in-12, dem.-rel.

925. Traité des chiens de chasse, cont. l'hist. générale de l'espèce; les soins à prendre pour faire des élèves, croiser les races, etc., etc. *Paris,* (1827), in-8, cart. *Planches.*

926. Guide et hygiène des chasseurs, conten. des recherches historiques sur l'origine de la chasse, l'art de dresser les chiens et les chevaux, etc. par le comte de Langel, avec additions, par Delbarre et Julia de Fontenelle. *Paris, s. d.,* in-8, dem.-rel.

927. Le chasseur médecin, ou traité complet sur les maladies du chien, par Francis Clater. *Paris,* 1827, in-12, dem.-rel. mar.

928. Pathologie canine, ou traité des maladies des chiens, cont. une dissert. très-détaillée sur la rage, etc., par Delabère-Blaine, trad. de l'anglais et annoté par Delaguette. *Paris,* 1828, in-8, cart. *Figures.*

929. Le chien. Considérations générales, races, croisements, éducation, emplois utiles, maladies, traitements; suivi de la nouvelle loi sur l'impôt et de la législation sur la chasse, par Ch. Dubourdieu. *Bordeaux,* 1855, in-8, dem.-rel., n. rog. *Figures.*

930. Éducation morale et intellectuelle.—Méthode socratique.—Monographie du chien, par Larousse. *Paris,* in-12, dem.-rel., mar., tr. dor., n. rog.

931. Traité de l'éducation des animaux qui servent d'amusement à l'homme, par Buc'hoz. *Paris,* 1780, in-12, v. mar.

K. RÉCITS DE CHASSES.

932. Les chasses princières en France de 1589 à 1841, par E. Chapus. *Paris,* 1853, in-12, dem.-rel., mar. bleu., n. rog.

933. 50 années de chasse, théoric et pratique des diverses
habitudes du gibier, ses ruses, souvenirs de l'auteur,
etc., par J.-A. Clamart. *Vouziers*, 1854, in-12, dem.-
rel., mar. La Vall.

934. L'Eloge de la chasse, avec plusieurs avantures sur-
prenantes et agréables qui y sont arrivées (par le chev.
de Mailly). *Amsterdam*, 1724, in-12, v. gr.

935. Les Veillées de chasse, par le capitaine Mayne-Reid,
trad. de l'anglais par H. Revoil. *Paris*, 1861, in-12,
dem.-rel., mar. bleu. *Figures*.

936. Playsir de chasse et gay déduit. *Metz, Rousseau-
Pallez*, 1861, in-4, br. *Figures en bois*.
Récit d'une chasse à Serouville, par M. Boutelier.—N'a été tiré qu'à
60 exemplaires, non mis dans le commerce.

937. Les loups dans la Beauce, par Ad. Lecocq, Char-
train, avec gravures et fac-simile. *Chartres*, 1860,
in-12, br.

938. La chasse au coq de bruyère, récit de chasse dans
les Ardennes. *Liége*, 1860, in-12, dem.-rel., mar. vert.,
n. rog., tête dor.

939. Chasses exceptionnelles, galerie de chasseurs illustres, par Ad. d'Houdetot. *Paris*, 1861, in-12, br.
1 fig. d'Horace Vernet.

940. Histoire d'un braconnier, ou mémoires de la vie de
L. Labruyère, auteur des Ruses du braconnage. *Paris,
Techener*, 1844, in-8, dos et coins mar. rou., fil., n.
rog., tête dor.
Publié par le baron J. Pichon.—Tiré à 124 exemplaires.

941. Souvenirs d'un chasseur touriste, suivis d'un essai
sur la chasse souterraine du blaireau et du renard,
par E. Lemasson. *Paris*, 1859, in-8, dem.-rel., mar.
bleu. *Fig*.

942. Souvenirs de chasse, par L. Viardot. *Paris*, 1854,
in-12, dem.-rel.

943. Récits d'un chasseur, par Ivan Tourguénef, trad.

par H. Delaveau. *Paris*, 1859, gr. in-18 jés., br. *Illustrations de Godefroy Durand.*

944. Les Haltes de chasse, par E. Chapus. *Paris*, 1860, in-12, dem.-rel., mar. bleu, n. rog.

945. Boutades d'un chasseur, souvenirs et mélanges de L. de Curel. *Paris*, 1857, in-12, dem.-rel., mar. La Vall. n. rog.

946. Souvenirs d'un aveugle, voyage autour du monde, par J. Arago. *Paris*, 1840, in-8, cart. en toile. 15 *planches, sujets de chasse.*
Chassés.—Drame.

947. La chasse au chastre, par Méry. *Paris*, 1860, in-12, dem.-rel., mar. bleu, n. rog.

948. Chasses en Afrique, par Castillon. *Paris, Courcier*, in-4, obl. cart. *Illustr. de 12 superbes gravures à deux teintes.*

949. Les grandes chasses d'Afrique, souvenirs de 1846. In-8, cart. toile.

950. L'Afrique du Nord, description, histoire, armée, par J. Gérard, 1860.—La chasse au lion, par le même. 1852 ; ens. 2 vol. in-12, dem.-rel.

951. Le Tueur de lions, par J. Gérard. *Paris*, 1858, in-12, dem.-rel., mar. rou.

952. Bombonnel le tueur de panthères, par H. Chevreul. *Paris, Aubry*, 1860, in-8, dem.-rel. (*Tiré à petit nombre.*)

953. La chasse en Algérie, par H. Béchade. *Paris*, 1860, in-12, dem.-rel., mar. La Vall., n. rog.

954. La vie au désert, cinq ans de chasse dans l'intérieur de l'Afrique méridionale, par G. Cumming, publ. par A. Dumas. *Paris*, 1860, in-12, dem.-rel., mar. viol., n. rog.

955. Souvenirs intimes d'un vieux chasseur d'Afrique, recueillis par Ant. Gandon. *Paris*, 1860, in-12, dem.-rel., mar. viol., n. rog. *Figures.*

956. Chasses et pêches anglaises. Variétés de pêches et de chasses. *Paris*, 185... in-8, dem.-rel., mar. rou., *Figures.*

957. La chasse et la pêche en Angleterre et sur le continent, trad. de divers ouvrages anglais. *Bruxelles*, 1842, in-8, dem.-rel. *Figures.*

958. Chasses dans l'Amérique du Nord, par B. H. Révoil. *Paris*, 1861, in-12, dem.-rel., mar. rou.

959. Chasses et pêches de l'autre monde, par Bénédict H. Révoil. *Paris*, 1856, in-12, dem.-rel., mar. La Vall.

960. Le chevreuil de Compiègne, anecdote ancienne, publ. par B. Teissier. *Paris*, 1827, in-8, cart.

961. Physiologie du chasseur, par Deyeux. *Paris*, in-18, dos et c. mar. vert, n. rog., tête dor. *Figures.*

962. Le renard ou le procez des bestes (trad. de l'allemand), 1739, in-8, v. gr. *Figures.*

963. La Chasse royale, par A. Achard. *Paris*, 1858, 2 vol. in-12, dem.-rel., mar. bleu.

964. Les gentilshommes chasseurs, par le marquis de Foudras. *Paris*, 1856, in-12, dem.-rel., mar. vert.

965. Les veillées de Saint-Hubert, par le marquis de Foudras. *Paris*, 1856, 2 vol. in-12, dem.-rel., mar. bleu.

966. Légende de Saint-Hubert, précédée d'une préface bibliographique et d'une introduction historique, par Ed. Fétis. *Bruxelles, A. Jamar*, 1846, in-12, mar. v., fil., tr. dor. pap. vél. 1 *figure.* (Hardy.)

967. Histoire d'un chien, écrite par lui-même et publ. par un homme de ses amis. *Paris*, 1802, in-12, dem.-rel., mar. vert, n. rog. *Figures.*

968. Thoughts upon hunting : in a series of familiar letters to a friend, by P. Beckford. *London*, 1802, in-4, cart. *Frontispice et figures.*

L. POÉSIES SUR LA CHASSE.

969. Joannis Brodæi Turonensis annot. in Oppiani cyne-
geticon libros IIII quintti calabri parálipomenon
Homeri lib, XIIII. Coluthi Thebani de Helenæ raptu.
Basilæ, 1552, in-12, vél.

970. Oppiani Anazarbei de piscatu libri V ; de venatione libri IIII (græce et latine). *Parisiis, apud Tur-
nebum,* 1555, in-4, en 2 part., v. mar.

971. Oppiani poetæ Cilicis de venatione lib. IIII ; de
piscatu lib. V, cum interpretatione latina commentariis et indice rerum in utroque opere memorabilium
locupletissimo confectis studio et opera Conrad. Rit-
tershusii. *Lugd.-Batav.,* 1697, in-12, vél., tr. dor.
(*Bel exemplaire.*)

972. Oppiani poetæ Cilicis de venatione libri IV ; et de
piscatione libri V, cum paraphrasi græca libror, de
aucupio, gr. et lat., curavit J. Gottlob Schneider.
Argentorati, Konig, 1776, gr. in-8, v. gr.
Édition très-recherchée.—Superbe exemplaire sur papier vergé.

973. Oppiani poemata de venatione et piscatione, cum
interpretatione latina et scholiis, accessit paraphrasis
ΙΞΕΥΤΙΚΩΝ et Marcelli Sidetæ fragmentum de piscibus. *Argentorati,* 1786, in-4, dém.-rel., mar. (*Exemplaire en grand papier non rogné.*)
Il n'a paru de cette édition que le poème de *Venatione.*

974. Les Halieutiques, trad. du grec du poëme d'Oppien, où il traite de la pêche et des mœurs des habitants des eaux, par J. M. Limes. *Paris,* 1817, in-8,
dos et coins mar. rou., n. rog., tête dor. *Front. gravé.*

975. La Chasse, poëme d'Oppien, trad. en françois par
Belin de Ballu. *Strasbourg,* 1787, in-8, v. jas.

976. Oppiano, della pesca e della caccia, trad. del
greco da A. M. Salvini. *Firenze,* 1728, in-8, v. fau.

976 *bis.* Hac volumine continentur poetæ tres egregii

nunc primum in lucem editi, Gratii, Q. Augusto principe floruit, de Venatione lib. I. P. Ovidii Nasonis
Halieuticon liber acephalus; M. Aurelii Olympii
Nemesiani Cynegeticon lib. I; ejusdem carmen bucolicum; T. Calpurnii Siculi bucolica Adriani cardina-
lis venatione. *Aldus*, 1534.—Dionysius de. situ orbis,
a Rhenneo Fannio latinitate donatus, etc. *Coloniæ*,
1530, en 1 vol. in-8, mar. n. fil. (*Rare.*)

977. Hoc volumen continentur : Gratij, de venatione
lib. I; Ovidii Nasonis halieuticon liber acephalus ;
Aurelii Olympii Nemesiasi cynegeticon lib. I ; ejusd.
carmen bucolicum...., per G. Logum. *Vindelicorum*,
H. Steyner, 1534, pet. in-8, v. fau. tr. dor.
(*Aux armes.*)

Édition copiée sur celle des Aldes, qui parut quelques mois auparavant,
avec la même préface.

978. Poetæ latini rei venaticæ scriptores et bucolici
antiquit., videlicet Gratii Falisci atq. Aurelii Olympii
Nemesiani cynegeticon halieuticon et de aucupio.
Itid. bucolica Aurelii Olympii et Calpurnii cum
notis, etc.... accedunt G. Kempheri observat, in tres
priores Calpurnii eclogas. *Lugd.-Batav*, 1728, in-4,
v. m. *Frontispice gravé.*

979. Poésies de Aurelius Olympius Némésien, suivies
d'une idylle de J. Fracastor, sur les chiens de chasse,
par Delatour. *Paris, an VII*, in-12, dem.-rel.,
mar. v.

980. Les pastorales de Némésien et de Calpurnius,
trad. en françois avec des remarques et un discours
sur l'Eglogue, par Mairault. *Bruxelles*, 1744, in-12,
v. mar.

981. Hieracosophioy, sive de Re accipitraria libri tres
(par de Thou.) *Lutetiæ, Mamertum Patissonium*,
1584, pet. in-4, v. mar.

982. Natalis comitum Veneti de venatione libri IIII.
Hieronymi Ruscellii scholiis breviss. illust. *Venetiis*,
Aldi, 1551, pet. in-8, rel. jans., mar. n., tr. dor.

983. Natalis comitis de venatione. *Francofurti,* 1588, pet. in-8, mar. vert. (*Titre manuscrit très-bien exéc.*)

984. Album Dianæ leporicidæ, sive venationis leporinæ leges; auctore Jac. Savary. *Cadomi, Cl. Le Blanc,* 1655, pet. in-8, dem.-rel., d. et c. mar. v., n. rog. (*Koehler.*)

985. Venatio vulpina et melina, aut. Jac. Savary. *Cadomi, Cl. Le Blanc,* 1658, pet. in-8, v. fau., fil., tr. dor. (*Koehler.*)

Poëme rare. Exemplaire de Huet, évêque d'Avranches.

986. Venationis cervinæ, capreolinæ, aprugnæ et lupinæ leges; autore Jac. Savary. *Cadomi, J. Cavelier,* 1659, in-4, belle rel. jans., mar. rou., tr. dor.

987. Poëme sur la chasse, de Gratius; trad. du latin en vers français (avec notes), par **J. A. Jaquot.** *Paris,* 1854, in-8, cart. toile.

988. ΧΟΙΡΟΩΡΟΡΓΑΦΙΑ : sive Hoglandiæ descriptio. *Londini, anno Domini* 1709, in-8, v. ant., fil. (*Longue et curieuse note manuscrite en tête du volume (Rare.)*

Poëme latin sur les ravages du sanglier dans le Hant-shire, comté d'Angleterre, sur la chasse de cet animal, sur les moyens de le combattre, sur les instruments de cette chasse, sur la porcellerie, etc. (*Ex libris J. B. Huzard*).

989. Le plaisir des champs, divisé en quatre parties selon les quatre saisons de l'année, par Cl. Gauchet, Dampmartinois. Ou est traicté de la chasse et autre exercice récréatif, honneste et vertueux. *Paris, Nic. Chesneau,* 1583, in-4, mar. vert, fil., tr. d. (*Thompson.*)

Première édition de ce poëme. Rare.

990. La chasse du lièvre avecques les levriers, au roy de France et de Navarre. 1599, in-4, br., *papier vergé.*

Ce petit poëme didactique a été réimprimé chez Crapelet, sur le seul exemplaire connu, par les soins de M. A. Veinant. (Tiré à 62 exemplaires.)

991. La venerie spirituelle, dediée a très-haut seigneur Gaspard de Rochechouart, seigneur de Mortemart.

Poictiers, 1607. — Paraphrase sur les dix commaïï-
demens de la loy, dedié a très-pieuse dame madame
de Messignac. *Poictiers*, 1607.— La Naissance et la
Passion de J. C., dediez a M. de Saint-George Ba-
pausme. *Poictiers*, 1607.—Les baisers de la croix,
dediez a dame Charlotte Flandrine de Nassaut, abesse
a Saincte-Croix a Poictiers. *Poictiers*, 1606. — Le
courtisan réformé, dedié a Mgr l'evêque de Poictiers.
Poictiers, 1607.

Ces pièces sont très-rares : elles sont inconnues à Barbier et à Brunet.
Chaque dédicace est signée des initiales L. M. L.

992. Les chiens, contes en vers; distribué en III chants.
Paris, 1729, in-8, dem.-rel., mar. viol. *Figures*.

993. Le serin de Canarie, poëme (par l'abbé Béraud).
Londres, 1755, in-12, cart.

994. Les serins, poëme didactique, ou Traité complet
pour l'éducation des serins, par l'abbé Béraud. *Paris*,
1795, pet. in-12, dem.-rel., mar. vert.

995. Les oiseaux de la ferme, poëme par Lalanne.
Paris, 1805, in-18, dem.-rel., mar. vert.

996. Pièces fugitives, par M. P. Piery, ancien capitaine
de chasseurs à cheval. *Paris, P. Didot*, 1805, in-8,
cart., n. rog., *papier vélin*.

997. Essais sur les cynégétiques françaises, suivis de
poésies fugitives, par A. Léonnar. *Paris*, 1807, in-12,
dem.-rel., mar. La Vall.

998. La pipée, ou la chasse des dames, poëme en IV
chants, suivi de diverses poésies, par J. Perrin de
Précy. *Paris*, 1808, in-12, v. mar.

999. L'Ornithocunomachie, ou combats des oiseaux et
des chiens, poëme en V chants, avec des notes, par
A. Dupré. *Paris*, 1819, in-8, dem.-rel., ch.

1000. La chasse au tir, poëme en V chants, dédié
aux chasseurs. *Paris, Thiercelin et U. Canel*, 1827,
in-8, dem.-rel. maroq.

L'auteur de ce poëme, qui ne s'est pas nommé, est aussi l'auteur de

cinq gravures sur cuivre qui ornent ce livre. L'impression en est soignée;
elle sort des presses de Honoré de Balzac, notre grand romancier.

1001. La chasse du cerf des cerfs, composée par Pierre
Gringore. 1829, pet. in-8, dos et coins maroq. rou.,
non rog., tête dor.

Réimpression figurée en caractères gothiques, tirée à 42 exemplaires et
publ. par les soins de M. Veinant.

1002. La chasse, poëme, suivi de la traduction du
Moretum de Virgile, d'une journée à Féricy et de
quelques autres opuscules en vers français ; 2ᵉ édit.
revue et ornée de gravures, par le comte L. M. J. de
Chevigné. *Paris, F. Didot*, 1830, in-8, dem.-rel.
maroq. (*Mouill. d'eau.*)

1003. La farce de la pipée. *Paris, Crapelet*, 1832, gr.
in-8, dos et coins de maroq. La Vall., n. rog., tête
dor. *papier vélin.*

Réimpression en caractères gothiques, tirée à petit nombre par les soins
de M. F. Michel.

1004. Traité de la chasse au lièvre, poëme en V chants
et en vers, suivi de la Haine d'une femme, comédie
en V actes, du capitaine Brulard ; de Quatre Heures
d'une jeune fille aux avant-postes de l'armée française
et des Deux Sœurs de lait, par L. Guichard. *Lyon*,
1839, in-8, dos et c. mar. br.; n. rog., tête dor.

1005. La chassomanie, poëme, par Deyeux. *Paris*,
1844, gr. in-8, dem.-rel. ch. rou. 14 *planches lithog.
à deux teintes.*

1006. Les plaisirs du gentilhomme champêtre, de Nic.
Rapin, précédés d'une notice biographique par
B. Fillon. *Paris, Techener*, 1853, in-12, dem.-rel.
mar. rou., n. rog. tête dor.

Tiré à 100 exemplaires sur papier vergé.

1007. Le trésor de vénerie, poëme composé en 1394,
par Hardouin de Fontaine-Guérin, publ. pour la première fois avec des notes, par le baron J. Pichon.
Paris, 1855, in-8, br. *Papier vergé, figures.*

Première livraison, seule publiée.

1008. Trésor de vénerie, composé l'an M.CCC.LXXXX.IV,

par Hardouin, seigneur de Fontaine-Guérin, et publ.
pour la première fois, par H. Michelant. *Metz*, 1856,
in-8, dem.-rel. maroq. vert, fil., n. rog., tête dor.
Figures en bois.

Tiré à 200 exemplaires numérotés à la presse (n° 25).

1009. Le bestiaire d'amour, par Richard de Fournival,
suivi de la réponse de la dâme, *enrichi de 48 dessins
gravés sur bois*, publié pour la première fois d'après
un manuscrit de la Bibliothèque impériale, par
C. Hippeau. *Paris, A. Aubry*, 1860, in-8, d. et c.
mar. rou., n. rog., tête dor. *Figures.*

1010. Epître à Filou, petit chien du Roi, par l'abbé de
Luy***. *S'il se vend, ce n'est pas chez luy*, s. l. n. d.,
in-8, cart. *Figures.*

1011. Combat à mort, ou mort de Propret, tragédie
comme les autres, ni pour rire ni pour pleurer. Qui
sera représentée lorsque les acteurs se porteront bien
et que les actrices sauront leurs rolles, par le sieur de
Trois Etoiles tout du long, qui aura bientôt un nom
(Grandval fils). *Imprimée à la Campagne chez un
marchand Chapelier*, in-12, dem.-rel., maroq. rou.

1012. Esaü, ou le chasseur en forme de tragédie, nouv.
représ. au collége des Bons-Enfants de Rouen, par
J. Behourt, *Rouen, Raph. du Petit-Val*, 1606, pet.
in-12, réglé, mar. vert, tr. dor. (*Hardy*).

1013. Les deux Chasseurs et la Laitière, comédie en
1 acte mêlée d'ariettes (par Anseaume). *Paris*, 1769,
in-8, n. rel.

1015. La Caccia etrusca, poema di Scipione Francucci
Arretino. *In Firenze*, 1624, in-4, dem.-rel. parch.
(*Texte encadré*).

Très-rare.

1016. La lode della caccia, esercitio academico di G.
Leti. *Geneva*, 1664, in-12, v. gr.

1017. L'Alcone ossia del governo dei cani da caccia

di Girolamo Fracastoro recato dal versi latini in ottave rime con note dal marchese Salvadore Spiriti. *Roma*, 1791, in-4, vél.

1018. L'uccellagione, libri tre di Ant. Tirabosco. *Parma*, 1803, in-8, dem.-rel. mar., n. rog.

1019. The chase, and the field sports, by W. Sommerville. *London*, 1811, in-12, cart., n. rog.

M. ESTAMPES.

1021. Venationes ferarum, avium, piscium, pugnæ bestiarum, et mutuæ bestiarum, depictæ A. J. Stradano ; editæ Ph. Gallæo, carmine illustratæ A. C. Kiliano Dufflœo. (*Antverpiæ*, 1600), in-fol. obl. vél.

Recueil de 104 planches gravées.

1022. Venationis, piscationis et aucupii typi ; Joës Bos depingebat, Philip. Galleus excud. Pet. in-4, obl. vélin *Rare*.

Recueil de 42 planches très-finement gravées (quelques planches sont raccommodées).

1023. Venationis, piscationis et aucupii typi. Pet. in-4, dem.-rel., v. ant. *Titre gravé*.

Suite de 16 planches très-bien gravées par J. Van Londerseel, d'après Tempesta.—A la suite on a ajouté 5 autres planches gravées (*sujets de chasse*).

1024. Animali diversi di Antonio Tempesta. In-4, rel. (20 *sujets*.)

1025. Chasse par J. B. Oudry à M. le chevalier de Breteuil.

Suite de 16 planches en médaillon, format in-16, sur chine, gravées par Wexelberg.

1026. Sujets de chasse, par Oudry, 4 p., 1725.

La première pièce servant de titre est de troisième état. Les trois autres pièces sont très-belles d'épreuve, mais les inscriptions marginales ont été coupées.

1027. La même suite, épreuves retouchées.

1028. La chasse au sanglier, d'après J. B. Oudry, gravée par Huquier.

Épreuve fatiguée.

1029. Oudry. Chiens d'arrêt. 2 p. en larg., grav. par Duflos.

Épreuves avant la lettre.

1030. Chasse au sanglier. Belle eau-forte de Denon, 1788.

C'est le même sujet que celui qui a été traité par Desportes et par Boels. Ces deux derniers ne se sont pas copiés; mais ils ont, l'un et l'autre, imité Sneiders.

La belle eau-forte de Denon reproduit le tableau ou le dessin original de Sneiders qui était à Bologne, le siècle dernier, chez le marquis Zambeccari. — Vigoureuse épreuve.

1031. Chasse au sanglier, gravée par P. Boels.

Belle épreuve.

1032. Chasses au sanglier et au loup, d'après le tableau de Desportes, gravées par Joullin. 2 pièces.

Dédiées à messire Claude Glucq.

1033. Sujets de chasse. Environ 20 p. anciennes et modernes, gravées et lithogr.

1034. La chasse du cerf. 16 *Planches, gravées par Aug. Vind, d'après Ridinger.* Gr. in-fol. cart.

Exemplaire Huzard.

1035. Chiens de chasse. 12 planches, pet. in-4, d'ap. Desportes, gravées à l'eau-forte, par Le Bas.

Belles épreuves.

1036. Sujets de chasse et animaux, d'ap. Mene, Decamps, etc. 12 planches, in-8, à l'eau-forte et à la manière noire.

1037. Relais de chasse seigneuriale en Allemagne, avec vue perspective de château et parc (nombreux personnages). Grande feuille in-plano ; dessiné et gravé à l'eau-forte, par Rentz et Montalègre, 1724.

Pièce rare ; très-belle épreuve.

1038. Ridinger. 10 p. en larg. (Belles épreuves).

Le commencement de la chasse.—La chasse du sanglier.—La chasse

du cerf au rut.—Chasse des lièvres, par les levrettes.—La prise des ours.
—Le rut du cerf.—Prise du loup au filet.—La chasse d'un taison.—La
fosse aux loups.—La chassé de lièvres.

1039. RIDINGER. Chasses du loup, du cerf, et autres
sujets. 8 p. en larg.

1040. RIDINGER. La prise de canes sauvages, et la
trappe du renard. 2 pièces en haut.

1041. RIDINGER. Une laie avec ses marcassins, et loups
de 3 et 4 ans. 2 p. en larg.
Belles épreuves.

1042. RIDINGER. La trappe du loup et la trappe du
renard. 2 pièces en haut. avec légendes française et
allemande.

1043. RIDINGER. 13 pièces en haut. Animaux et chasses.

1044. RIDINGER. Sujets de chasse. 13 pièces en haut.

1045. La chasse de l'argent , sujet allégorique sous
forme de chasse à courre, d'après Goltzius, gravé par
Galle.
Sur peau vélin, in-4, color. à la main, rehaussé d'or. RARE.

1046. Künstliche, wolgerissene new Figuren von allerlei
Jagt und Weidwerck, allen Liebhabern der Maler
Kunst... mit latin. vers. und teutschen Reimen er
kleret. *Franckfurt* , 1592, in-4, m. rou., fil., dent.
intér., tr. dor. (*Trautz-Bauzonnet.*)
Recueil de curieuses et jolies figures en bois, sur la chasse, gravées
par Joss Ammon.—Bel exemplaire.

1047. Encyclopédie méthodique. Planches du dictionnaire de toute espèce de chasses. *Paris*, 1811, pet.
in-fol. rel. *Figures et airs notés.*

1048. Livre de chasse, pour l'année, dessiné à la
plume, par le marquis de Mun, lithog. par Collette.
Paris, Susse, in-fol. obl., rel. en toile.

1049. Chasses anciennes, d'après les manuscrits, des
XIVe et XVe siècles, par Ch. Aubry. *Paris*, 1837, gr.
in-fol. cart. *Planches coloriées.*

1050. Les chasses en six tableaux, paroles de A. Bé-

tourné, musique de Th. Labarre. *Paris, s. d.*, gr. in-8,
6 *planches lith. gr. par V. Adam et Viard.*

1051. Les plaisirs de la chasse. *Paris, Audot, s. d.*, in-8,
obl., br.
Suite de dix-huit gravures à l'aqua-tinta, extraites du Traité général
des chasses.

1052. Récompenses artistiques, par Victor Adam. *Paris,
s. d.*, in-18 obl., br.
24 sujets de chasse et autres, lithographiés.

1053. Chasse, vénerie et fauconnerie, par Elzéar Blaze.
7 liv. in-4, figures noires et en chromolith.
Extrait du *Moyen âge et de la renaissance*.

N. PÊCHE.

1054. Traité général des pesches, et histoire des poissons qu'elles fournissent, tant pour la subsistance des
hommes que pour plusieurs autres usages, par Duhamel
du Monceau et de La Marre. *Paris*, 1769-82, 3 vol.
gr. in-fol., et 94 p. du tome IV, dem.-rel., mar. v.
Enrichi d'un grand nombre de planches.

1055. Dictionnaire de toutes les espèces de pêches (par
Duhamel du Monceau). *Paris, Panckoucke*, 1793,
in-4, et *atlas* in-fol., cart., n. rog.
Extrait de l'*Encyclopédie méthodique*.

1056. Dictionnaire des pêches, cont. l'hist. naturelle
des poissons, etc., par Baudrillart. *Paris*, 1827, in-4,
et *atlas* in-fol. dem.-rel.

1057. Considérations sur l'histoire naturelle des poissons, sur la pêche et les lois qui la régissent, par
Dralet. *Toulouse*, 1821, in-8, cart.

1058. Dictionnaire du pêcheur, traité complet de la
pêche en eau douce et en eau salée.—Histoire, mœurs,
habitudes des poissons, etc., par A. Karr. *Paris*,
1855, in-12, dem.-rel., n. rog.

1159. Nouveau manuel complet du pêcheur-praticien;

ou les mystères et les ruses de l'art de la pêche dévoilés, etc., par Lambert; suivi de l'art de faire les filets. *Paris*, 1853, in-18, dem.-rel. mar. *Planches.*

1059 *bis*. Manuel du pêcheur français, par Pesson-Maisonneuve. *Paris*, 1826. — Nouveau manuel du pêcheur-praticien, par Lambert, 1853, 2 vol. in-18, dem.-rel.

1060. Traité de la pêche, ou l'art de soumettre les poissons à l'empire de l'homme, par Buc'hoz. *Paris*, 1786, in-12, dem.-rel., n. rog.

1061. Droits des pêcheurs à la ligne flottante, suivis d'instructions pour différentes pêches, par Moriceau. In-18, cart.

1062. Pisciceptologie ou l'art de la pêche à la ligne; discours sur les poissons, la manière de les prendre et de les accommoder; la pêche aux filets, etc., par J. C. *Paris*, 1823, in-12, dem.-rel., v. vert. *Figures.*

1063. La pêche à la ligne. *Paris*, 1826, in-12, dem.-rel., v. ant., n. rog. *Planches.*

1064. Le parfait pêcheur à la ligne et au filet, suivi d'un traité de pisciculture simplifié, par Renaud. *Paris*, 1858, in-12, dem.-rel., mar. br.

1065. Le pêcheur à la mouche artificielle et le pêcheur à toutes lignes, par Ch. de Massas. *Paris*, in-12, dem.-rel., mar. bleu. *Figures.*

1066. La pêche à la ligne et au filet dans les eaux douces de la France, par Guillemard. *Paris*, 1857, in-12, dem.-rel., v. ant. *Figures.*

1067. Le Pêcheur français, traité de la pêche à la ligne et aux filets en eau douce, par Kresz aîné. *Paris*, 1818, in-12, dem.-rel., v. rose, n. rog, *Figures.*

1068. La pêche en eau douce et en eau salée, histoire, mœurs, habitudes des poissons, etc., par A. Karr. *Paris*, 1860, in-12, dem.-rel., mar. vert.

1069. Des pescheries. *S. l.*, 1757, in-12, cart.

1070. De la pêche, du parcage et du commerce des huîtres en France, par A. Lair. In-8, cart.

1071. De la pêche sur la côte occidentale d'Afrique et des établissements les plus utiles aux progrès de cette industrie, par Sabin Berthelot. *Paris*, 1840, gr. in-8, dem.-rel., mar., n. rog.

1072. Pratique de la pêche de la baleine dans les mers du Sud, par J. Lecomte. *Havre*, 1833, in-8, dem.-rel., mar. rou., n. rog.

1073. Histoire générale des pêchés anciennes et modernes dans les mers et les fleuves des deux continents, par Noël. *Paris, 1. R.*, 1815, in-4, cart.

Tome I⁰ʳ, seul publié.

1074. Le vieux pêcheur, par Th. Deyeux. *Paris*, 1837, in-12, cart. *Figures*.

1075. Souvenirs d'un vieux pêcheur, par H. de Chavannes de la Giraudière. *Tours*, 1853, in-12, cart. *Figures coloriées*.

1076. The experienced angler, by col. Robert Venables. *London, Gosden*, 1827, in-8, dem.-rel., mar., n. rog. *Figures sur chine*.

1077. Nic. Parthenii Giannettasii halieutica. *Neapoli, J. Raillard*, 1689, pet. in-8, v. gr. *Figures de Solimène*.

1078. N. Parthenii Giannettasii piscatoria et nautica. *Neapoli, typis regis*, 1686, pet. in-8, cart., n. rog. *Jolies figures gravées*.

1079. De egloga piscatoria qualem a veteribus adumbratam absolvere sibi proposuerit sannazarius facultati litterarum Parisiensi thesim proponebat, A Campaux. *Parisiis*, 1859, in-8.

1080. *Pisciculture, pêches, etc.*, par E. Noël, Arnoult, Thomassy, Berthot et autres. 10 broch. in-8 et in-4, cart.

1081. Éléments de pisciculture, ou résumé des expériences faites au château de Maintenon, par Lamy. *Chartres,* 1855, in-12, dem.-rel. mar. vert. *Figures.*

1082. Pisciculture et pêcheries. 9 br. in-8.

1083. De le Fécondation artificielle des œufs de poissons et de leur éclosion au moyen des procédés découverts, par Remy et Géhin. *Epinal,* 1853, in-8, dem.-rel., v., n. rog.

1084. Instructions pratiques sur la pisciculture, suivies de mémoires et de rapports sur le même sujet, par Coste. *Paris,* 1853, in-12, dem.-rel. mar. vert. *Planches.*

1085. Traité de pisciculture.—Multiplication artificielle des poissons, par J. P. Koltz. *Bruxelles,* 1858, in-12, dem.-rel. mar. vert.

BELLES-LETTRES.

LINGUISTIQUE.

1086. Glossarium ad scriptores mediæ et infimæ latinitatis, auctore C. Dufresne, D° Du Cange.; edit. nova locupletior et auctior., opera et studio monachorum ord. S. Benedicti. *Paris.,* C. *Osmont,* 1733, 6 vol. in-fol. vél.

Bonne édition, enrichie d'un *portrait et de figures de médailles,* qui manquent souvent.

1087. Lexicon manuale ad scriptores mediæ et infimæ latinitatis .... ou recueil des mots de la basse latinité, p. s. à l'intelligence des auteurs du moyen âge, par Maigne d'Arnis; publ. par l'abbé Migne. 1858, gr. in-8, dem.-rel. mar. v.

1088. Petit vocabulaire latin-français du XIII° siècle, extrait d'un manuscrit de la bibliothèque d'Evreux, par L. A. Chassant. *Paris, Aubry,* 1857, in-12, dem-rel. mar. bleu., n. rog., tête dor.

1089. Nouveau dictionnaire français, par le comte de
Fortia-Piles. *Paris,* 1819, in-8, dem.-rel.

1090. Traicté de la conformité du langage françois avec
le grec, par Henri Estienne. *Paris, Robert Estienne,
imprimeur du Roi,* 1569, in-8, mar. vert, fil., rel. jans.,
tr. dor., dent. intér. (*Capé.*)

1091. Les excentricités de la langue française en 1860,
par Loredan Larchey. *Paris,* 1860, in-12, dem.-rel.
v. fau. *Titre gravé.*
Première édition.—Rare.

1092. Vocabulaire patois du pays Messin, par Jaclot de
Saulny. *Paris,* 1854.—Le Lorrain peint par lui-même,
almanach pour 1854 ; ens. 2 vol. in-12, br.

1093. Nouveau dictionnaire de rimes. *Paris, L. Bilaine,*
1667, in-12, v. br.
Exemplaire de J. de La Fontaine, avec sa signature sur le titre, et des
corrections et additions autographes.

1094. Eleganze, insieme con la copia, della lingua tos-
cana e latina, sciete da Aldo Manutio utiliss. al com-
porte nell' una e l'altra lingua. *Venetia, Aldus,* 1558,
in-8, vél.

RHÉTORIQUE.

1096. M. Tul. Ciceronis de claris oratioribus liber, qui
dicitur Brutus, et in eum Cœlii secundi curionis comment. verbis breves, etc.; accessit P. Cornelii Taciti
ejusdem argumenti dialogus elegantissimus. *Basileœ,*
1564, in-12, v. ant., fil., tr. dor. (*Petit.*)

1097. Il dialogo dell' oratore di Cicerone, trad. da
M. Lodovico Dolce. *In Venegia, appresso G. Giolito,*
1554, in-12, v. gauf., tr. dor.

1098. Hadrianus TT. S. Chrisogoni presb. card. Bo-
toien, de sermone latino et modis latine loquendi;
ejusd. venatio ad Ascanium. *Coloniœ Agrippinœ,*
1587, in-8, vél.

1099. Rodolphi Agricolæ Phrisii, de inventione dialec-

tica libri tres, cum scholiis J. Matthæi Phrissemii.
Paris, apud Simon. Colinæum, 1542, in-4.

1100. L'art et science de rhétorique pour faire rigmes
èt ballades. In-8, dos et coins maroq. rou., n. rog.,
tête dor., *fig. en bois*.

Réimpression gothique imprimée par Crapelet en 1832, tirée à petit
nombre sur papier de Hollande et précédée d'une notice par Fr. Michel.

POÉSIE.

A. POÈTES LATINS ANCIENS ET MODERNES.

1102. Publii Terentii Afri poetæ comici, Andriæ augmen-
tum, cum interpretatione Guidonis Juvenalis. *Lugd.,
M. J. Trechsel,* 1493, in-4, anc. rel. gauf., d. de
mar. br., fermoirs en cuivre.

Édition ornée de jolies figures en bois, finement gravées. —Exemplaire
en bon état. *Rare*.

1103. Publius Terentius, Afer. *Londini, Pickering,*
1823, in-64, v. fau. fil., tr. d., *portr.* (*Rel anglaise.*)

Charmant exemplaire. Édition microscopique.

1104. Georgicorum libri IIII. Pub. Virgilij Maronis
commentariis.... per J. Willichium. *Basileœ, ex off.
B. Westhemeri,* 1539. — Moralis interpretatio erro-
rum Ulyssis Homerici, interprete Conrado Gesnero.
Tiguri, apud Froschoverum; en 1 vol. pet. in-8,
dem.-rel., n. rog.

1105. Publii Virgilii Maronis opera, ex optimis editioni-
bus recensita et emendata. *Paris,* 1830, gr. in-8,
dem.-rel. mar. br. avec coins, n. rog., tête dor.

1106. Publii Virgilii Maronis carmina omnia, perpetuo
commentario admodum J. Bond explicuit Dubner.
Parisiis, F. Didot, 1858, in-12, cart., percal. br.,
n. rog. *Jolies vignettes photographiées.*

1107. Les Géorgiques de Virgile, trad. par J. Delille
(texte lat. en regard); avec les notes et les variantes.
Paris, 1807, gr. in-4, dem.-rel., n. rog.

1108. Quinti Horatii Flacci opera omnia, recensuit Fi-
lon. *Parisiis*, 1828, in-64, maroq. rou., rel. ornée,
tr. dor.

Édition microscopique.—Exemplaire sur papier de Chine.

1109. Œuvres complètes d'Horace, par ordre de production, trad. de Goupy. *Paris*, 1857, in-16, dos et
et c. de mar. rou., n. rog., tête dor.

1110. Les œuvres d'Horace. Odes, Satires, Epîtres,
Art poétique; trad. par M. Jules Janin. *Paris*, 1860,
in-12, mar. vert, rel. jans., fers sur les plats, tr. dor.
(*Petit*.)

1111. Les métamorphoses d'Ovide, en latin et en françois, de la trad. de M. l'abbé Banier, avec des expli-
cations historiques. *Paris, Delormel*, 1767, 4 vol, in-
4, mar. rou., fil. doubl. de tabis, tr. dor. (*Derome*.)

Planches gravées par Lemire et Bazan, d'après Gravelot, Eisen, Mon-
net, etc.—Superbe exemplaire.

1112. D. Jun. Juvenalis et Auli Persii Flacci satyræ, ex
doct. virorum emendatione. *Amsterodami, L. Elzevi-
rii*, 1651, pet. in-8, cart., n. rog.

1113. Phædri, Flavii, Aviani et Anonymi fabulæ
Æsopiæ, accedunt P. Syri Mimi et aliorum sententiæ,
Dyon. Catonis disticha, omnia ad optimas editiones
collata notisque brevioribus illustrata. *Bruxellis,
edidit Ludovicus Tencé*, 1829, dem.-rel., n. rog.

Exemplaire sur peau de vélin, tiré à part par ordre du roi des Pays-Bas.
—Chef-d'œuvre de typographie.

1114. Annæi Lucani Pharsalia, cum indice rerum. *Lipsiæ*, 1834, pet. in-8, dem.-rel., m. v., t. dor., n.
rog.

1115. Clarissimi viri Hyginii poeticon astronomicon,
opus utiliss... *Venetiis, Erbardū Radtolt*, 1485, in-4,
cart.

Les figures en bois, dont quelques-unes coloriées, qui ornent ce volume,
sont vraiment curieuses et singulières.

1116. Æmilius Macer De herbarum virtutibus jampri-
mum emaculatior... præterea Strabi Galli, poetæ et

theologi hortulus vernatissimus. *Basileæ, apud J. Fabrum*, 1527, in-8, dem.-rel., d. et c. m. r., tr. dor., n. rog.

1117. Hilarii versus et ludi. *Lutetiæ-Parisiorum*, 1838, in-8, papier vergé, dem.-rel., v. ant.
Publié par Champollion-Figeac et tiré à petit nombre.

1118. Strozii poetæ, pater et filius. *Parisiis, ex officina Simonis Colinæi*, 1530, in-8, dem.-rel. mar., n. rog.
Bel exemplaire.—Rare.

1119. Petri Angelii Borgæi Syriados libri sex priores. *Romæ*, 1585, P. Angelii Bargæi pœmata omnia, diligenter ab ipso recognita. *Romæ*, 1585, en 1 vol. in-4, vel, *Fig.*
Bel exemplaire.

1120. Balduini Ronssei, venatio medica, continens remedia ad omnes, a capite ad calcem usque, morbos. *Lugd.-Batav.*, 1589, pet. in-8, br.
Poëme peu commun.

1121. J. Passeratii eloquentiæ professoris, et interpretis regii, kalendæ Januariæ. *Lutetiæ, apud Mamertum Patissionium, ex off. R. Stephani*, 1597, gr. in-8, dem.-rel. cuir de Russie.
Portrait ajouté de Passerat, par Th. de Leu.

1122. Vincentii Guinisii Lucensis e soc. Jesu poesis, *Antverpiæ*, 1633, pet. in-16, dem.-rel., mar. LaVall. *(Boutigny.)*

1123. Album Hipponæ, sive hippodromi leges, autore Jac. Savary. *Cadomi, Cl. Le Blanc*, 1662, in-4, vél.
Poëme sur l'équitation. D'une grande rareté.

1124. Jacobi Vanierii e soc. Jesu sacerdotis. Prædium rusticum. *Parisiis*, 1756, in-12, v., mar.

25. Le Poëme des jardins, de Columelle, trad. en vers français, avec le texte en regard, par Norbert Bonafous. *Paris, Durand*, 1850, in-8, br.

1126. Syphilis, ou le mal vénérien, poëme latin de J. Fracastor, avec la trad. en françois et des notes, par

Macquez et Lacombe. *Paris, 1796.* in-12, dem.-rel.,
v. ant. *Titre gravé. Portrait.*

1127. Le mariage des fleurs, en vers latins, par D. de
La Croix, avec la trad. française et des notes. *Paris,*
1798, in-12, v. fau., fil., tr. dor.

B. POÈTES FRANÇAIS.

1128. LES TRIUMPHES DE LA NOBLE ET AMOUREUSE
DAME, et lart de honnestement aymer, compose par le
Traverseur des voyes perilleuses (Bouchet). *Nouvelle-
ment imprime à Paris. On les vend en la rue neufve
Nostre Dame, à l'enseigne S. Jehan Baptiste, près S.
Geneviesve des Ardens, par Denys Janot,* 1534, in-8,
goth., v. fau., fil., tr. d'or. (*Lebrun.*)

Superbe exemplaire de cette édition, non citée dans le Manuel de
M. Brunet.

1129. Miracle de Nostre Dame de Robert le Dyable, fils
du duc de Normandie.... publ. pour la première fois
d'ap. un ms. du xive s. *Rouen,* 1836, in-8, dem.-rel.,
d. et c. de mar. viol. *Planche.*

1130. LE ROMANT DE LA ROSE, nouvellement reveu et
corrigé, oultre les précedentes impressions. *On les
vend à Paris au Clou Breunio, à l'enseigne de la Corne
de Serf, pour Guillaume Le Bret,* 1538, in-8, goth.,
mar. br. (*Lortic.*)

Charmant exemplaire de cette rare édition.

1131. Le roman de la Rose, par Guillaume de Lorris et
Jean de Meun, dit Clopinel. *Amst.,* 1735, 3 vol. in-12,
v. gr.

1132. Blasons, poésies anciennes, recueillies et mises en
ordre, par D. M. M... (Dominique-Martin Méon).
Paris, 1807, in-8, riche rel., mar. bleu, doublé de
tabis, tr. dor. (*Courteval.*)

Exemplaire avec les cartons. Une pièce de vers signée Guichard y est
ajoutée.

1133. Le dodcchedron de fortune, livre non moins plaisant et recreatif que subtil et ingenieux entre tous les jeux et passetemps de fortune, par Jean de Meun. *Paris, Gilles Robinot*, 1615, pet. in-8, mar. rou., écusson sur les plats, dent. intér., tr. dor. (*Lortic.*)

Livre singulier et peu commun.

1134. La fleur des chansons, les grans chansons nouvelles qui sont en nombre cent et dix, ou est comprinse la chanson du roy, la chanson des brunettes, etc., etc. In-8, dos et coins maroq. vert, n. rog., tête dor.

Réimpression gothique. Tiré à petit nombre.

1135. Les grans regrets et complainte de ma damoyselle du Pallais : *S. l. n. d.*, in-8, d. et c., mar. rou. (*Koehler.*)

Exemplaire unique sur peau de vélin, d'une réimpression figurée d'un manuscrit en caractères gothiques, publiée par Silvestre et imprimée par Crapelet.

1136. Les bigarrures du seigneur des Accords (Etienne Tabourot),—suivies des escraignes dijonnoises. *Paris*, 1595, in-12, cart.

1137. La chanson de Roland, poëme de Théroulde, texte critique, accompagné d'une traduction, d'une introd. et de notes, par F. Génin. *Paris, I. N.*, 1850, in-8, dos et coins mar. bleu, fil. *Fac-simile.*

1138. OEuvres choisies de Clément Marot, accomp. de notes hist. et littéraires par Després, et précédées d'un essai sur Cl. Marot, par Campenon. *Paris*, 1826, in-8, dos et coins maroq. rou., n. rog., tête dor. *Portrait.*

1139. Le rebours de Matheolus (par Jean Lefebvre, de Therouane). *A la fin, cy finist le resolu en mariage, nouvellement imprimé à Paris, par Michel Lenoir*, 1518, in-8, mar. rou., dent., tr. dor.

Réimpression fac-simile faite en 1846 à 40 exemplaires.

1140. Chansons et saluts d'amour, de Guillaume de Ferrière, dit le vidame de Chartres, publ. par L. Lacour, *Paris, A. Aubry*, 1856, pet. in-8. *Pap. vergé*, cart.

1141. Les quatrains du seigneur de Bybrac (*sic*), conseiller du roy, avec les Plaisirs de la vie rustique, extraicts d'un plus long poëme, composé par ledit seigneur de Pybrac. Ensemble les quatrains du président Faure. *Paris, P. Des Hayes*, 1625, in-8, réglé, v. fau. (*Simier.*)

1142. Les chansons folastres et récréatives, de Gaultier Garguille. *Paris*, 1858, in-12, ch. citr., t. dor., n. rog.

1143. Poésies de Malherbe. *Paris, Dufour*, 1827. — Vieux poëtes français. Morceaux choisis. *Paris, Dufour*, 1827, 2 tom. en 1 vol. in-48, mar. rou., fil., tr. dor. (*Thompson.*)

De la collection des classiques en miniature.

1144. Les œuvres poëtiques et chrestiennes de G. de Saluste, s^r du Bartas, prince des poëtes françois. *A Genève, pour Samuel Crespin*, 1615, pet. in-8, parch.

1145. Les œuvres du sieur de Saint-Amant. *Lyon, Louys Odin*, 1643, pet. in-8, dem.-rel., d. et c. mar. brun.

1146. Le premier livre des poëmes de J. Passerat, rev. et augm. par l'autheur en ceste dernière édition. *Paris, Patisson*, 1602, in-8, vél.

1147. La patenostre des verollez, avec leur complaincte contre les medecins. Pet. in-8, dos et coins mar. bleu, n. rog., tête dor.

Réimpression gothique tirée à 57 exemplaires, suivie d'une notice bibliographique par A. Veinant.

1148. Œuvres complètes de Racan, publ. par Tenant de La Tour. *Paris*, 1857, 2 vol. in-12, cart. (*Bibl. Elzev.*)

1149. Les poésies de Guill. Crétin. *Paris*, 1723, in-12, v. gr.

1150. Œuvres de Roger de Collerye; nouv. édit. avec

préface et notes, par Ch. d'Héricault. *Paris, P. Jannet*, 1855, pet. in-12, dem.-rel. maroq.

1151. Recueil des énigmes de ce temps (par l'abbé
Cottin). *Paris, A. de Sommaville,* 1659, in-12, n. rel.

1152. Les poésies gaillardes, galantes et amoureuses de
ce temps. *S. l., imprimé cette année* (vers 1660),
pet. in-12, réglé, mar. rou., rel. jans., tr. dor.
(*Duru.*)

Petit livre fort rare, attribué à Saint-Evremont.

1153. Le vilebrequin de maître Adam, menuisier de
Nevers, cont. toutes sortes de poësies gallantes, tant
en sonnets, epistres, epigrammes, elegies... que
stances, etc., sur toutes sortes de sujets. *Paris, Guillaume de Luyne,* 1663, in-12, v. fau., fil., tr. dor.
(*Petit.*)

Bel exemplaire.

1154. OEuvres de maître Adam Billaut, menuisier de
Nevers ; édit. publ. par N. L. Pissot. *Paris,* 1806,
in-12, dem.-rel. *Portrait.*

1155. Contes et nouvelles en vers, de La Fontaine.
Amsterdam, 1776, 2 vol. in-12, v. éc., fil., tr. dor.
Figures à mi-pages.

1156. Fables de J. de La Fontaine. *Paris,* 1850, pet.
in-64, maroq. br., tr. dor. (*Dans un étui.*)

Petit bijou typographique imprimé avec les caractères microscopiques
de MM. Laurent et Deberny.

1157. De la bonne royne et d'un sien bon curé, fabliau
d'une bonne femme gauloise, retrouvé et mis au jour
par mademoiselle Cosson de la Cressionnière. *Paris,
de l'imp. de Didot l'aîné,* 1782, in-18 de 36 pp., pap.
d'Annonay.

Opuscule composé à l'occasion de la naissance du dauphin, fils de
Louis XVI, et dont les exemplaires tirés à petit nombre sont devenus
très-rares. (Vendu 40 fr. A. Martin.)

1158. Essai sur la nature champêtre, en vers, avec notes
(par de Marnesia). *Paris,* 1787, in-8, v. mar.

1159. Les chataigniers, poëme, par Duault. — Éloge

du chataignier, arbre surnommé l'oranger limousin, par Morard de Grenoble, ce dernier manuscrit (en vers.)

1160. Les châtaigniers, paysannerie en vers, par E. d'Araquy. *Paris,* 1856, in-12, dos et c. mar. vert, n. rog., tête dor.

1161. L'Agriculture, ou les Georgiques françoises poëme (par Rosset).*Paris,* 1777, in-12, mar. rou., fil., tr. dor. (*Anc. reliure bien conservée.*)

1162. Pièces libres de M. Ferrand, et poésies de quelques auteurs sur divers sujets. *Londres,* 1760, in-12, dem.-rel. mar. rou., n. rog.

1163. Recueil des meilleurs contes en vers. *Genève,* 1774-84, 2 vol. in-8, v. gr., dent.

1164. Le pot-pourri, ou préservatif de la mélancolie, cont. la Henriade travestie, la Pipe cassée, et autres poésies diverses. *Londres,* 1783, in-12, br. *Portrait.*

1166. Le conseil de Momus et la revue de son régiment, poëme calotin (par Bosc du Bouchet). — Journée calotine en deux dialogues: 1° Association de la Républ. Babinienne au régiment de la calotte; 2° Oraison funèbre du général Aimon Ier. *A Moropolis, l'an* 7732; en 1 vol., in-8.

1166. Contes en vers, satires et poésies mêlées de Voltaire. *Paris, P. et F. Didot, an IX,* in-12, pap. vélin, jolie rel. mar. bleu, tr. dor. (*David.*)

Figures de Moreau et Duplessis-Bertaux, ajoutées.—Bel exempl.

1167. Recueil de pièces (prose et poésies). En 1 vol., in-12, dem.-rel.

Caquet-Bonbec la Poule à ma tante, poëme badin (par Junquière). *Figures.*—La boucle de cheveux enlevée, poëme héroï-comique de Pope (trad. par l'abbé Desfontaines), 1728.—Lunettes à éclaircir la vue, ou aventure singulière (par Coulon), poëme burlesque.—Ils reviendront, ils ne reviendront pas; ou le pour et le contre.—La raison gagne, 1771.

1168. Œuvres du marquis de Villette. *Londres,* 1786, in-12, br.

Volume imprimé sur papier d'écorce de tilleul.

1169. Contes et poésies du C. Collier, commandant général des croisadés du Bas-Rhin. *A Saverne*, 1792, 2 vol., pet. in-12, dem.-rel. mar. rou., n. rog. 2 *jolies vignettes.*

1170. Les Sens, poëme en VI chants (par de Rosoy). *Londres,* 1766, *musique notée. Jolies figures d'Eisen et de Wille.* — Pygmalion, scène lyrique de J. J. Rousseau, mise en vers, par Berquin. *Paris,* 1775; *charmantes vignettes de Moreau le Jeune;* en 1 vol., in-12, anc. rel. mar. ,fil., tr. dor. (*Pap. vergé.*)

1171. Les jardins, ou l'art d'embellir les payages, poëme par l'abbé Delille. *Paris,* 1782, pet. in-12, mar. rou. , fil., tr. dor. (*Anc. reliure bien conservée.*)

1172. L'homme des bois, ou l'homme des champs travesti, poëme burlesque en IV chants. *Paris,* 1801, in-18, br.

1173. L'art de se moucher, poëme en III chants; suivi de la description de l'œil, mise en vers, par L. Grellier. *Paris,* 1805, br., in-8. *Rare.*

1174. Œuvres de Chapelle et de Bachaumont; nouv. édit. précédée d'une notice, par M. Tenant de Latour. *Paris, Jannet,* 1854, in-12, dos et coins maroq. rou., n. rog.

1175. Œuvres de Parny. *Paris,* 1808 , 4 vol. in-18, cart., n. rog.

1176. Œuvres choisies de Parny, augmentées des variantes de texte et de notes. *Paris,* 1827, in-8. *Portrait,* très-riche rel. à mosaïque sur le dos et sur les plats, en mar. de diverses couleurs, tr. dor. (*Vogel.*)
Exemplaire papier vélin.

1177. Les saisons, poëme par Saint-Lambert. *Paris, Froment,* 1825, pet. in-18, v. fau., *fig.* (*Bibolet.*)

1178. Onguent pour la brûlure, poëme, par Barbier d'Aucourt. *Paris,* 1826, in-16, veau fauve.

1179. Georgiques françaises, par le baron Rougier de

la Bergerie. *Paris*, 1824, 2 vol. in-8, dem.-rel. (*Aux armes du duc d'Orléans.*)

La reliure du tome 1er a été endommagée par le feu (1848). Provient de la Bibliothèque du Palais-Royal.

1180. Recueil de rondeaux de table. *S. l. n. d.*, om. en 1 vol. in-8, maroq. v., tr. dor.

Manuscrit du commencement du xviiie siècle, contenant des chansons et rondeaux pleins de gaillardises (*avec les airs notés*). Exemplaire de Méon (no 1917 de son catalogue). *Vendu* 50 *fr. Veinant.*

1181. Poésies érotiques, par P. F. Tissot. *Paris, De-launay*, 2 tom. en 1 vol. in-12, dos et coins.maroq. vert, n. rog., tête dor.

1182. Les bosquets d'agrément, poëme en IV chants; suivis des Arbres toujours verts, par Hécart. *Valen-ciennes*, 1808, in-8, cart.

1183. Les bosquets d'agrément, poëme en IV chants, suivis des Arbres toujours verts, poëme en stances ré-gulières, par G. A. J. Hécart. *Paris*, 1808, in-8, dem.-rel. mar. viol., n. rog., tête dor. (*Bel exem-plaire.*)

1184. Chansons nouvelles et dernières de P. J. de Bé-ranger. *Paris, Perrotin*, 1833, in-12, dem.-rel. mar. bleu., tr. dor.

1185. Le mérite des femmes; nouvelle édition augm. de poésies inédites, par Legouvé. *Paris*, 1824, in-18, dos et c. mar. vert, n. rog., tête dor.

1186. La typographie, poëme, par M. L. Pelletier. *Genève*, 1832, in-8, dem.-rel. v. fauve.

1187. La reliure, poëme didactique en VI chants; précédé d'une idée analytique de cet art; suivi de notes histo-riques, par Lesné. *Paris*, 1820. — Lettre trentième concernant l'imprimerie et la librairie de Paris; trad. de l'anglais avec notes, par Crapelet. 1821, en 1 vol. in-8, maroq. bleu, fil., large dent. en or, tr. dor. (*Rel. de Lesné.*)

1188. Epître à Thouvenin, par Lesné. *Paris, Didot*, 1823, in-8, cart. (*Pap. vélin fort.*)

1189. Le Parnasse lyrique et anacréontique ; nouveau chansonnier français dédié aux Grâces. *Paris*, 1808, in-12, dem.-rel. mar. rou. *Fig.*

1190. Contes en vers, par de Caumont. *Nancy*, 1825-30, 3 br. in-8.

1191. Poésies, par le colonel Perrin d'Huberville. *Nancy*, 1841-55, 6 br. in-8.

C. TRAGÉDIES ET COMÉDIES.

1192. Œuvres de Molière ; nouv. édition, augmentée de la vie de l'auteur et des remarques historiques et critiques, par M. de Voltaire. *Amsterdam, Arkstée et Merkus*, 1765, 6 vol. pet. in-12, mar. orange, fil., tr. dor., dent. intérieure. (*David.*)

Charmante édition, ornée de figures de J. Punt.—Grandes marges avec témoins.

1193. Les souffleurs (comédie de Chiliat). *Paris, V⁰ de Ch. Coignard*, 1694.—Le Port de mer, comédie par N. Boindin. *Paris*, 1704, in-12, v. br. *titre gravé, airs notés.*

Exemplaire de P. S. Caron, avec sa devise : « M'acheter pour me lire, car on (*Caron*) s'instruit ainsi. »

1194. La Fillis de Scire, du sieur du Cros (de Pezenas). *Paris, Anth. de Sommaville*, 1630, in-8, dem.-rel., d. et c. de mar.

1195. La farce de maistre Pierre Pathelin, avec son testament, à quatre personnages (par P. Blanchet). *Paris*, 1762, pet. in-8, dem.-rel. mar. v., n. rog. (*Koehler.*)

1196. *Mandrin*. La mort de Mandrin, tragi-comédie en deux actes, reprís. pour la première fois à Nancy le 3 février 1759, par L. Lagrange, de Montpellier. *Sur la copie à Valence (Nancy, P. Antoine).*—Mandrin, étude et documents sur Simian. *Grenoble*, 1860, 2 br. in-12.

1197. Lothaire et Valrade ou le Royaume mis en interdit, tragédie par Ph. G...., imprimée à Genève pour la première fois en 1767, brûlée à Rome en 1768; nouv. édit. *Paris*, 1801, pet. in-18, dem.-rel., mar. (*Simier.*)

1198. Caquire, parodie de Zaïre, par M. de Vessaire. (Becomber); 2e édition, considérablement é..... *A Chio. (Paris), de l'imp. d'Avallons*, in-8, dos et coins mar. citron, n. rog., tête dor.

1199. Sirop-au-c.. ou l'heureuse délivrance, tragédie héroï-merdifique, par M. (Grandval fils). *Au Temple du Goût*, in-8, cart. *Titre gravé.*

D. POÉSIES EN PATOIS MESSIN.

1200. Lés Bruilles, poëme en patois messin (par Bronders et Mory). In-8, br. (1re *édition*).

1201. Flippe Mitonno, ou la Famille ridicule, comédie messine en vers patois. *Metz*, 1848.—Histoire véritable de Vernier, dialogue en patois messin, 1844; ens. 2 vol.

1202. Dialogue de Thoinette et d'Alizon, pièce inédite en patois lorrain du xviie siècle, publié et annoté par A. de La Fizelière. *Paris*, 1856, in-12, dos et coins maroq. rou., n. rog., tête dor.
Tiré à 65 exemplaires numérotés.

1203. Chan-Heurlin, ou les Fiançailles de Fanchon. poëme en patois messin. *Metz*, 1857.—Flippe-Mitonno, ou la Famille ridicule, comédie messine, en vers patois. *Metz*, 1848.—La Grosse Enwaraye messine (publ. par G. Brunet). *Paris, Techener;* ens. 3 br. in-12 et in-8.

E. POETES ÉTRANGERS.

1204. La divina Comedia di Dante, con gli argomenti

et allegorie per ogni canto. *Venetia*, 1629, in-64,
cuir de Russie. *Titre gravé.*

1205. Pétrarcque (*sic*). Du Triumphe Damour. *Paris,
Denys Janot*, 1536, pet. in-8, de 208 ff. riche rel.
maroq. rou. doublée de mar. vert à mosaïque.
(*Bardisser.*)

Traduction en prose, très-rare, ornée de nombreuses gravures en bois.

1206. Roland furieux, poëme héroïque de l'Arioste.
Paris, 1810, 6 tom. en 3 vol. in-18, dem.-rel. v.
Figures.

1207. Il Pastor fido, tragicomedia pastorale del
sign. cavalier B. Guarini (con l'Aminta favola Bosche-
reccia di Torq. Tasso, e rime di Batt. Guarini). *In
Roma, Filippo de' Rossi, s. d.* (1610), pet. in-12,
réglé, fig., mar. bleu, tr. dor., rel. jans. (*Hardy.*)

Joli exemplaire, 12 vignettes à l'eau-forte.

1208. Filli di Sciro, favola pastorale del conte Guidu-
baldo de Bonavelli. *Amsterdam, D. Elsevier*, 1678,
pet. in-32, mar. rou., dent. int., tr. dor. *Fig.*

Joli exemplaire.—Réglé.

1209. Pièces diverses, en 1 fort vol. in-8, v. gr.

La nautica, poema di Bernardino Baldi. *Milano*, 1813.—Della sifilide,
overov del morbo gallico, di G. Fracastoro, 1813. *Portrait.*—La coltiva-
zione del riso de marchese Giambatista Spolverini, 1813. *Portrait.* La
Caccia, poema di Erasmo di Valvasone, 1808.

1210. La Lusiade, de L. Camoëns; poëme héroïque, trad.
du portugais (par de La Harpe et d'Hermilly). *Paris,
Nyon*, 1776, 2 vol. in-8, bas. *Figures.*

1211. Les Saisons, poëme, trad. de l'anglois de Thompson. *Berlin*, 1760, in-12, v. mar. *Figures.*

1212. Le Jardin anglois, poëme en quatre chants, par
Masson, trad. de l'anglois. *Paris*, 1788, in-8, n. rel.
Figures.

ROMANS.—CONTES ET NOUVELLES.

1213. Les Amours pastorales de Daphnis et Chloé, escrites en grec par Longus, et translatées en françois par J. Amyot. *Lille,* 1792, in-12, v. mar. *Orné de trente planches, y compris celle aux petits pieds, gravées d'après les dessins du Régent.*

1214. Les Epistres amoureuses d'Aristenet, tournées de grec en françois, par Cyre Foucault, avec l'image du vray amant, discours tiré de Platon. *A Poictiers, pour André Citoys et Isaac Bartaud,* 1597, pet. in-8, mar. rou., tr. dor. (*Thompson.*)
Un feuillet légèrement raccommodé.

1215. Les Amours de Clytophon et de Leucippe; trad. nouvelle tirée du grec d'Achilles Tatius (par J. Baudoin). *Paris,* 1635, in-8, n. rel.

1216. L'historial du jongleur, chroniques et légendes françaises, publ. par MM. F. Langlé et E. Mirice. *Paris, Didot,* 1829, gr. in-8, dem.-rel., n. rog. *Caractères gothiques.*

1217. Melusine, par Jehan d'Arras; nouvelle édition conforme à celle de 1478, avec une préface par Ch. Brunet. *Paris, Jannet,* 1854, in-12, dos et coins de maroq. vert. (*Petit.*)

1218. Baliverneries ou contes nouveaux d'Eutrapel, ou autrement dit Leon Ladulfi. *Paris, Est. Groulleau,* 1548, in-16, dem.-rel., n. rog. (*Pap. vél, anglais.*)
Jolie réimpression faite en 1845, avec des caractères d'argent, par C. Whittingham.—Tiré à cent exemplaires.

1219. Bonaventure Des Periers, Cirano de Bergerac, par Ch. Nodier. *Paris, Techener,* 1841, in-8, dem.-rel., v. ant. n. rog., tête dor. (*Galette.*)
Exemplaire sur grand papier vélin.

1220. Œuvres françoises de B. Des Periers, revues sur les éditions originales, par L. Lacour. *Paris, Jannet,*

1856, 2 vol. in-12, dos et c. maroq. rou., n. rog.

1221. Contes de Marguerite de Valois, reine de Navarre. *Paris, Delonchamps,* 1833, 3 vol., in-8, dem.-rel., mar. vert clair, n. rog.

1222. La journée des madrigaux; suivie de la Gazette de Tendre et du carnaval des précieuses ; intr. et notes par E. Colombey. *Paris, A. Aubry,* 1856, pet. in-8, pap. vergé, cart. (*Carte de Tendre.*)

1223. Recueil général des caquets de l'accouchée, mis en ordre en huict journées. 1625, pet. in-12, pap. fort, mar. br., fil., tr. dor.

Réimpression faite à Metz en 184., à 76 exemplaires.

1224. Les évangiles des quenouilles; nouvelle édition avec préface, glossaire et table analytique. *Paris,* 1855.—Chansons, ballades et rondeaux de J. de Lescurel, publ. par A. de Montaiglon. 1855; ens. 2 vol. in-12, cart. (*Bibl. Elzev.*)

1225. Le congrès de Cythere, du comte Algaroti; trad. en français (par Duport du Tertre.) *Florence (Paris),* 1777, in-18, dem.-rel.

1226. Les amours de Psyché et de Cupidon, suivies des poëmes d'Adonis (par J. de La Fontaine). *Paris,* 1804, in-12, v. vert, fil., tr. dor. *Portrait et très-jolies figures de Moreau.*

Précédé de : *Isidore et Clémence, ou le bonheur n'est souvent qu'un songe;* par *M. Fescourt. Paris,* 1806, 12 p. et une vignette.

1227. Pluton maltotier, nouvelle galante. *Cologne, chez A. l'Enclume, gendre de P. Marteau,* 1712, pet. in-12, dem.-rel. *Front. gravé.*

1228. Anecdotes jésuitiques, ou le Philotanus moderne. *La Haye,* 1740, 3 vol. pet. in-12, v. mar.

1229. Mémoires de la comtesse de Mirol, ou les funestes effets de l'amour et de la jalousie ; histoire piémontaise, par le marquis d'Argens. *La Haye, Moetjens,* 1748, pet. in-12, v. mar.

1230. Tristan de Leonois, par de Tressan. *Paris, Didot l'aîné,* 1781, in-18, mar. vert.

Collection du comte d'Artois.

1231. Histoire de Camouflet, souverain pontifc de l'empire d'Equivopolis. *A Equivopolis,* 1751, in-12, dem.-rel. mar. bleu.

1232. Histoire miraculeuse et admirable de la comtesse Hornoc, étranglée par le diable dans la ville d'Anvers. *Gand,* 1856, in-12, dos et c. mar. vert, n. rog., tête dor.

Réimpression tirée à 150 exemplaires.

1233. Histoire du marquis de Tressy, suivie d'Ernestine, par Mme Riccoboni. *Paris, Didot l'aîné,* 1814, in-12, dem.-rel. mar. br. (*Petit.*)

1234. Valmor et Lydia, ou voyage autour du monde, de deux amans qui se cherchoient. *Paris, an VII,* 3 vol. in-12, dem.-rel. vél., n. rog. *Figures.*

1235. Le dimanche, récits de Marsilius Brunck, docteur en philosophie, recueillis par le baron de Reiffenberg. *Bruxelles,* 1834, 2 vol. in-12, dem.-rel. v. ant., n. rog.

1236. Les roses de Noël, dernières fleurs, par J. T. de Saint-Germain. *Paris,* 1860, in-12, dos et c. mar. bleu, n. rog., tête dor.

1237. Franciscus Columna, dernière nouvelle de Ch. Nodier, précédée d'une notice par Ch. Nodier. *Paris,* 1844, in-12, dem.-rel. mar. viol. *Portrait.* (*Andrieux.*)

1238. Don Alonso, ou l'Espagne, histoire contemporaine, par N. A. Salvandy ; 2e édit. *Paris,* 1824, 5 vol. in-12, cart.

1239. Deux couvents au moyen âge, ou l'abbaye de Saint-Gildas et le Paraclet au temps d'Abélard et d'Héloïse, par P. Tiby. *Paris, Techener,* 1851, in-12, dem.-rel. v. fauve, n. rog., tête dor.

1240. La dame de Bourbon, par Mary Lafon. *Paris,*

1860, in-8, dos et c. mar. bleu, n. rog., tête dor.
Figures.

1241. Contes de Boccace; traduction nouvelle, précédée
d'une notice sur la vie et les ouvrages de cet écrivain,
par Rastoin-Brémond. *Paris*, 1835, 2 vol. in-8, dem.-
rel. mar. bleu, n. rog. *Figures.*

1242. Goëthe. Le Renard (Reineke Fuchs) ; trad. par
Edouard Grenier. *Paris* (1860), gr. in–8, dem.–rel.,
dos et c. mar. rou., tête dor., n. rog. *Illustrations de
Kaulbach.*

1243. Histoire joyeuse et recréative de Tiel l'espiègle ;
nouv. édit. avec une étude littéraire, par Van Duyse.
Gand, 1858, in-12, dem.-rel. maroq. vert, n. rog.

1244. Histoire de Tom Jones, ou l'Enfant trouvé; trad.
de l'anglois de Fielding, par D. L. P. (de la Place.)
Londres, 1750, 4 tom. en 2 vol. in-12, v. *Figures de
Gravelot.*

FACÉTIES.—DISSERTATIONS SINGULIÈRES ET PLAISANTES.

1245. Joannis Meursii elegantiæ latini sermonis (par
N. Chorier). *S. l. n. d.* (vers 1750), 2 tom. en 1 vol.
pet. in-12, maroq. vert, tr. dor. (*Reliure de Padeloup
bien conservée.*)
Édition de Hollande.—Rare.

1246. Œuvres complètes de Tabarin avec les rencon-
tres, fantaisies, etc., du baron Gratelard ; précédées
d'une introd. et d'une bibliographie tabarinique, par
G. Aventin (Veinant). *Paris*, 1858, 2 vol. in-12,
cart. (*Bibl. Elzev.*)

1247. Aresta amorum cum erudita Benedicti Curtii
Symphoriani explanatione; accessit huic editioni locu-
pletissimus rerum ac vocabulorum index (par Mar-
tial de Paris, dit d'Auvergne). *Parisiis*, 1544, in-8,
vélin. (*Bel exemplaire.*)

1248. Sermon joyeulx de M{sr} sainct Haren, nouvellement imprimé.

Réimpression gothique tirée à 60 exemplaires sur papier de Chine
(n° 38).

1249. Sensuyt ung sermon fort joyeulx pour l'entrée de
table avec graces fort joyeuses. In-12, dos et coins
mar. rou., n. rog., tête dor. *Figures en bois.*

Réimpression en caractères gothiques.—Tirée à 40 exemplaires.

1250. Le moyen de parvenir (par Beroalde de Verville).
Londres, 1781, 3 vol. pet. in-12, v. fauve, fil., tr. dor.

1251. Sur l'enlèvement des reliques de sainct Fiacre,
apportées de la ville de Meaux, pour la guérison du
Q de M{sr} le cardinal de Richelieu. *En Anvers*, 1643,
pet. in-12, dem.-rel. mar. rou. (*Réimpression.*)

Un des deux exempl. tirés sur peau vélin de couleur.
Réimprimé chez Claye en 1858.

1252. Les quinze joyes de mariage, ouvrage très-an-
cien, auquel on a joint le blason des fausses amours,
le loyer des folles amours et le triomphe des Muses
contre Amour. *La Haye*, 1734, in-12, bas.

1253. Bibliothèque facétieuse historique, et singulière,
regrets funèbres sur la mort du joyeux Rondibilis,
dont tous les honnestes goinfres sont obligez de solem-
niser la mémoire. *Paris, Claudin*, 1858, in-8, dos et
coins mar. rou., n. rog., tête dor.

Exemplaire sur grand papier rose.

1254. Le procès des trois frères, livre non moins utile
que délectable, et cont. mainte érudition, trad. na-
guères de thoscan (du latin de Phil. Beroalde), par
Gilbert Damalis. *Lyon, Maurice Roy et Loys Pesnot*,
1558, pet. in-8, v. mar.

Exemplaire du duc de La Vallière, un peu rogné.—Ouvrage très-rare.
Longue et curieuse note manuscrite en tête du volume.

1255. L'art de desoppiler la rate, sive de modo c. pru-
denter, en prenant chaque feuillet pour se t. le d.;
entremêlé de quelques bonnes choses. *A Gallipoli de
Calabre, l'an des folies* 175884, pet. in-12, v. mar.,
fil., tr. dor.

1256. Le livre à la mode (par Caraccioli); nouvelle édition, marquetée, polie et vernissée. *En Europe, chez les libraires*, 1759, in-12, dem.-rel., *imprimé en encre de diverses couleurs.*

1257. L'école pour rire, ou la manière d'apprendre le françois en riant, par le moyen de certaines histoires choisies, par J. S. D. D. *Francfort*, 1670, in-12, mar. rou., fil., tr. dor. (*Thompson.*)

1258. Graves observations sur les bonnes mœurs, faites par le frère Paul, hermite de Paris, dans le cours de ses pèlerinages. *De l'imprimerie de l'Hermite*, 1779, in-12, dem.-rel. mar. bleu.

1259. Nouvelles recherches sur le dicton populaire Faire ripaille, par Gab. Peignot. *Dijon*, 1836, in-8, cart.

1260. Dictionnaire portatif, cont. les anecdotes historiques de l'amour, depuis le commencement du monde jusqu'à ce jour. *Paris*, 1788, 2 vol. in-8, dem.-rel.

1261. La science et l'école des amans, ou découverte nouvelle des moyens infaillibles de triomfer en amour, par s[r] d'Alquier. *Amsterdam* (*Elzevier*), 1679, pet. in-12, dem.-rel.

1262. Plaisant contrat de mariage passé nouvellement à Aubervilliers, le 35 février 1333, entre Nicolas Grand-Jean et Guillemette Ventrue; ensuite le festin dudit mariage apresté à la pleine de Long-Boyau, le 3 mars ensuivant, avec l'inventaire des biens de feu Taupin-Ventrue.—Statuts de l'ordre de la boisson; en 1 vol. in-12, dem.-rel.

Tiré à 52 exemplaires numérotés (*n° 3 sur papier de couleur*).

1263. L'art de rendre les femmes fidèles; 3e édit. avec des changements et des corrections. *Genève*, 1783, 2 vol. pet. in-12, maroq. olive, fil., tr. dor. (*Derome.*)

1264. Discours sur la nudité des mamelles des femmes, par un R. P. capucin; publ. pour la première fois d'après un ms. du XVIIIe siècle, par Ch. D. *Gand*,

1857, in-12, dos et c. maroq. rou., n. rog., tête dor.

1265. L'éloge des tétons, ouvrage curieux, galant et badin, composé pour les divertissements des dames avec plusieurs pièces amusantes; (par N. du Commun dit Véron). *Cologne, à l'Enclume de Vérité*, 1775, in-8, dem.-rel. maroq. rou., n. rog.

1266. Sermon pour la consolation des cocus, prononcé au sujet de A. B., cocu par arrest. *A Rouanne, chez Dominique Vendu, à la sage-femme,* 1833, in-12, dos et coins maroq. citron, n. rog., tête dor. *Fig.*

1267. Les priviléges du cocuage, ouvrage nécessaire tant aux cornards actuels, qu'aux cocus en herbe. (*A la Sphère*), *chez J. Cornichon*, 1722, pet. in-12, v. mar. *Front. gravé.*

1268. Éloge de l'asne, par un docteur de Montmartre. *Londres,* 1769, in-12, dem.-rel. maroq. vert, n. rog., tête dor.

1269. Nouvelles plaisantes recherches d'un homme grave sur quelques farceurs (par O. Delepierre). *London, Trübner,* 1860, in-8, dem.-rel., n. rog.
Jolie publication, tirée à 25 exemplaires numérotés.

1270. Le grand mistere, ou l'art de mediter sur la garderobe, renouvellé et devoilé, par l'ingénieux docteur Swift, trad. de l'anglais. *La Haye,* 1729, in-12, v. gr.

1271. Éloge du pet, dissertation hist., anatomique et philosophique sur son origine, son antiquité, ses vertus, etc., par Mercier, de Compiègne. *Paris, an VII*, in-18, dos et et c. maroq. rou., tr. dor. *Fig.*

1272. L'art de péter, essai théori-physique et méthodique à l'usage des personnes constipées, et suivi de l'histoire du pet-en-l'air, etc. (par Hurtaut). *En Westphalie, chez Florent-Q*, 1776, in-12, dem.-rel. v. fau. *Fig.*

1273. L'esclavage rompu, ou la société des francs péteurs (par le Corvaissier). *A Pordé-Polis, à l'enseigne du Zéphire artillerie,* 1756, in-12, v. fauve, fil.

1274. Les francs péteurs, poëme en IV chants, précédé d'un aperçu historique, par la société des francs péteurs fondée à Caen, dans la première moitié du xviii° siècle. *Caen*, 1853, in-12, dos et coins de maroq. rou., n. rog., tête dor.

EMBLÈMES.—DIALOGUES.— ENTRETIENS.— ÉPISTOLAIRES.

1275. Omnia Andreæ Alciati N. C. Emblemata.: cum comment. quibus emblematum omnium, aperta origine, mens auctoris explicantur, et obscura omnia dubiaque illustr., per Cl. Minoem. *Antverpiæ, Plantini*, 1577, in-8, n. rel.

1276. Emblemata politica, authore J. Reifenbergio, *Amstelod.*, 1632, pet. in-12, dem.-rel. mar. violet. *Figures.*

1277. Desid. Erasmi Roterod. colloquia nunc emendatiora cum annot. A. Montani. *Lipsiæ*, 1699, pet. in-12, vél.

1278. Epigrammatum Joannis Oveni, et Alberti Ines e societate Jesu, acroamatum epigrammaticorum. *Amst., apud Elzeverium*, 1679, in-12, v. fau., n. rog. *Titre gravé.*

1279. Cymbalum mundi, ou dialogues satyriques sur differents sujets, par Bonaventure Des Perriers, avec une lettre critique, par P. Marchand. *Amsterdam*, 1753, in-12, v. mar. *Front. gravé.*

1280. Les colloques de Mathurin Cordier, en latin et en françois. *S. l., pour la Vefve de Jean Durant*, pet. in-8, maroq. vert, rel. jans., tr. dor. (*Duru.*)
Édition rare, à 2 colonnes, réglé.—La traduction en caract. de civilité.

1281. Trois dialogues de P. Messie, touchant la nature du soleil, de la terre ..... *Paris, Federic Morel*, 1570. — Brief discours des choses les plus nécessaires .... en la cosmographie (par G. de Terraube). 1568; en 1 vol. in-12, dem.-rel., v. f., n. rog. (*Petit.*)

1282. Les loix de la galanterie (1644), publ. par L. Lalanne. *Paris, A. Aubry*, 1855, in-12, dem.-rel. mar.
citron, n. rog.

1283. La ruelle mal assortie ou entretiens amoureux
d'une dame éloquente avec un cavalier gascon, plus
beau de corps que d'esprit et qui a autant d'ignorance
comme elle a de sçavoir, par Marguerite de Valois.
Paris, A. Aubry, 1855, pet. in-8, dos et c. maroq.
rou., tête dor.

1284. L'esprit curieux, ou les conversations gallantes,
par René Bary. *Amst. (à la Sphère), chez J. Lejeune*,
1681, pet. in-12, mar. rou., tr. dor., jans.

1285. L'Ami des jeunes demoiselles; suivi d'une épître
aux célibataires, par Didot fils aîné. *Paris*, 1789, pet.
in-12, dem.-rel. maroq. viol. (*Petit.*)
Exemplaire en papier vélin.

1286. Proverbes espagnols traduits en françois, par
C. Oudin. *Bruxelles*, 1612, in-12, parch.
Avec les lettres, en proverbes, de Blasco de Garay.—N'est pas commun.

1287. Trois lettres d'Alix de Champé, dame de Veu-
dières, au duc de Lorraine, Raould le Vaillant (1334-
1346); et de l'abbaye de Beaupré, sépulture ducale.
Imprimé par Trenel, à Saint-Nicolas-de-Port, 1838,
br. in-4, cart. *Pap. de Hollande.*
Tiré à 100 exemplaires.

1288. Lettres de mylady Juliette Catesby, par Mme Riccoboni. *Paris*, 1813, in-12, mar. rou.

POLYGRAPHES.

1290. OEuvres de Plutarque, trad. du grec, et accompagnées de notes, par Ricard. (Hommes illustres.)
Paris, Brière, 1827, gr. in-8 à 2 col., v. brun, fers
à fr., fil., tr. dor. (*Thouvenin.*)
Édition compacte, imprimée avec les caractères de F. Didot.

1291. OEuvres de Xénophon, trad. en français (texte

grec en regard), par Gail. *Paris*, *Didot le jeune*, *an III*, 2 vol. in-4, v. éc., fil., tr. dor. *Figures de Le Barbier.*

1292. Auteurs latins, imprimés à Londres, chez Brindley, 1744-51, 18 vol. in-18, mar. v., tr. dor. (*Derome*), *rel. signée.*

César, 2 vol.—Catulle, Tibulle et Properce, 1 vol.—C. Népos, 1 vol. —Horace, 1 vol.—Juvénal, 1 vol.—Lucain, 2 vol.—Lucrèce, 1 vol.— Ovide, 5 vol.—Phèdre, 1 vol.—Salluste, 1 vol.—Térence, 1 vol.—Virgile, 1 vol.

1293. Joannis Saresberiensis Policraticus, sive de nugis curialium, et vestigiis philosophorum, accedit metalogicus. *Lugd.-Batav.*, 1639, in-8, vél.

Bon exemplaire de ce curieux ouvrage.

1294. Les œuvres diverses du sieur de Balzac. *Paris*, *Barbin*, 1658, pet. in-12, v. mar.

1295. OEuvres de M. de Voiture. *Paris*, *Th. Jolly*, 1665, 3 part. en 1 vol. in-12, v. m. *Portrait et frontispice gravés.* (*Armes de madame de Pompadour.*)

1296. OEuvres complètes de Voltaire. *Paris*, *Didot*, 1827-29, 4 vol. gr. in-8 à 2 col., dem.-rel., d. etc. m. br., n. rog.

Édition dédiée aux amateurs de l'art typographique.

1297. La nouvelle Héloïse, ou lettres de deux amans, par J. J. Rousseau. *Londres*, 1781, 7 vol.—Emile ou l'Éducation, par J. J. Rousseau. *Londres*, 1781, 4 vol.; ens. 11 vol. in-18, br. *Jolies figures de Moreau.*

Exemplaire de l'édition Cazin sur papier in-8.—*Rare dans cet état.*

1298. OEuvres de Montesquieu, Esprit des lois. *Genève* (*Cazin*), 1777, 4 vol. in-18, dem.-rel. mar. vert.

1299. OEuvres de Palissot; nouvelle édition. *Paris*, *impr. de Monsieur*, 1788, 4 vol. in-8, v. m. *Portrait et figures.*

1300. OEuvres de Dorat. *Paris*, *S. Jorry*, 1767-76, 20 vol. in-8, bas, rel. uniforme.

Nombreuses figures d'Eisen, de Marillier et d'autres.

1301. OEuvres complètes de Saint-Foix, historiographe

du roy. *Maestricht*, 1778, 6 vol. in-12, v. mar. *Por-traits.*

1302. Œuvres d'Helvétius. *Paris, Briand, an 11*, 5 vol. in-8, bas.

1303. Recueil de pièces en 1 vol., in-8, cart. *(Rare).*

Les frères Lasne, anciens commerçants à Beaune. Origine des plaisan-teries faussement imaginées sur le compte des citoyens de cette ville, par Chevignard de La Pallue. *A bonne intention*, 1784. Récit de ce qui s'est passé à Beaune à l'occasion du prix de l'arquebuse en 1778, par le même.

1304. Hexameron rustique, ou les six journées pas-sées à la campagne entre des personnes studieuses, par La Mothe Le Vayer. *Cologne, P. Brenussen,* 1671, in-12, mar. rou., fil., dent. intér., tr. dor. (*Bauzon-net-Trautz.*)

1305. Recueil de pièces, en 1 vol., in-8, v. mar., fil. (*Aux armes.*)

Éloge de l'imprimerie, par Verlet, 1771.—Discours prononcé en l'as-semblée publique des sciences et belles-lettres de Nancy, par le chev. de Solignac.—De l'abus de la philosophie, par rapport à la littérature, par l'abbé Verlet.

1306. Collection Cazin. 12 vol. in-18, rel.

L'art d'aimer.—Le fond du sac.—L'esprit de Raynal.—Boufflers.— Lettres d'Héloïse et d'Abailard, etc.

1307. Œuvres de Bernard Palissy, avec des notes, par Faujas de Saint-Fond et Gobet. *Paris*, 1777, in-4, v. m.

1308. Collection complète des œuvres de Crébillon fils. *Londres,* 1777, 14 vol. in-12, dem.-rel.

1309. Œuvres d'Arnaud. *Paris, Laporte,* M.DCC.CXV, 12 vol. gr. in-8, bas. *Jolies figures d'Eisen, de Le Barbier et autres.*

1310. Œuvre posthume de Girodet-Trioson, peintre d'histoire, suivi de sa correspondance, etc., par Cou-pin. *Paris, Renouard,* 1829, 2 vol. gr. in-8, pap. vél., dem.-rel., maroq. rou. *Fig.*

1311. François de Neufchâteau. Brochures et extraits de journaux, contenant des articles de cet auteur pendant la révolution et l'empire. Environ 60 pièces.

Cette unique réunien provient de la bibliothèque de François de Neuf-château.

1312. Pièces fugitives de M. François de Neufchâteau, en Lorraine, âgé de quatorze ans, associé des académies de Dijon, de Marseille, de Lyon et de Nancy. *Neufchâteau*, 1766, in-12, bas.

Vers autographes écrits en tête du livre, adressés par l'auteur à Voltaire, en lui envoyant ce recueil.—Réponse en vers, de Voltaire, transcrite par Fr. de Neufchâteau sur le revers du titre (1766).

A la dernière page du livre, une troisième adresse *autographe* : Vers à M. Rigollot, contrôleur des fermes du roy.

1313. OEuvres diverses de François de Neufchâteau, en 1 vol. in-12, dem.-rel.

Poésies diverses du sieur François, pensionnaire au collége de Neufchâteau, 1765 (*production d'un auteur âgé de 13 ans*).—Éloge historique de Gandoger, 1770.—L'exil de l'amour, romance.—Les Vosges, poëme. Discours sur la manière de lire les vers.—Épître à Framery sur la grammaire.—L'institution des enfants, ou conseils d'un père à son fils (*en vers*). —Le Trésor moral de Plutarque (*premières feuilles d'un ouvrage dont l'impression a été suspendue*). Étrennes aux cultivateurs, 1808.

1314. François de Neufchâteau, œuvres diverses (en vers), 16 pièces en 1 vol. in-8, dem.-rel.

Le désintéressement de Phocion.—Les contre-vérités, épître.—Paméla, ou la vertu récompensée, comédie en cinq actes.— *Lettre autographe :* signée *Eugène* (de Bordeaux), *adressée à François de Neufchâteau*, relative aux *coupures faites par le bureau central de la commune de Bordeaux dans sa comédie intitulée Paméla.*—Paméla, comédie, 2ᵉ édition.—F. de Neufchâteau, auteur de Paméla, à la Convention nationale.—Arrêtés du Comité de salut public, relatifs aux troubles qui se sont élevés dans la dernière représentation au Théâtre-Français.—Procès-verbal d'apposition de scellé sur les papiers de N. François (de Neufchâteau).—Les Vosges, poëme.—L'institution des enfants, ou Conseils d'un père à son fils.—Discours en vers sur la mort.—Le grand Sobieski à Vienne, ode sur la guerre présente.—L'histoire de France, ode à Clio (*nombreuses additions manuscrites*).—Méthode pratique de lecture.—Société en faveur des savants et des hommes de lettres.—Éloge du duc de Nivernois.

1315. Amusements philologiques, ou variétés en tous genres, par Philomneste (G. Peignot). *Dijon*, 1824, in-8, dem.-rel.

1316. Le livre des singularités, par G. P. Philomneste (G. Peignot). *Dijon*, 1841, in-8, dem.-rel. maroq. rou., n. rog.

1317. Le chemin de Rome, s'il vous plaît, par M. Deles-
sert. *Lyon, 1860,* in-8, dos et c. mar. vert, n. rog.,
tête dor. *Portrait photographié.*

HISTOIRE.

GÉOGRAPHIE. — VOYAGES. — HISTOIRE UNIVERSELLE.

1318. Bernardii Varenii geographia generalis, adjecta
est appendix... a J. Jurin. *Cantabrigiæ,* 1712, in-8,
v. f. *Planches.*

1319. Ph. Cluverii introductio in universam geogra-
phiam tam veterem quam novam... ac notis olim, or-
nata a J. Bunone. *Amst.,* 1697, in-4., vél., front.
grav. et 46 cartes.

1320. Dictionnaire universel de géographie moderne,
par A. Perrot et Arragon. *Paris,* 1843, 2 t. en un fort
vol., gr. in-8, dem.-rel. *Cartes coloriées.*

1321. Cartes générales et particulières de toutes les cos-
tes de France, tant de la mer océane que méditerra-
née, par Tassin. *Paris,* 1634, in-fol., obl. parch. (32
cartes.)

1322. Fêtes et courtisanes de la Grèce. Supplément aux
voyages d'Anacharsis et d'Anténor; 2ᵉ édition, (par
Chaussard). *Paris, Barba,* 1803, 4 vol. in-8, bas.
Figures et planches.

1323. Voyage dans les Pyrénées françoises, dirigé principal. vers le Bigorre et les vallées (par Bérenger).
Paris, 1789, in-8, bas.

1324. Notice géographique sur les isles Saint-Marcouf,
par L. J. B. Mayeux. *Valognes, imp. de Gomont,*
1810, in-8. bas. (*Envoi d'auteur.*)

1325. Voyage dans les petits cantons et dans les Alpes
rhétiennes, par Kasthofer, trad. de l'all. par Fazy-Ca-
zal. *Genève,* 1827.—Le guide dans les forêts, par le

même; trad. de l'all. par l'auteur; revue par Mounoy.
Vevey, 1830, 2 tomes. En 1 vol. in-8, dem.-rel.
Planches.

1326. Voyage pittoresque et militaire en Espagne, par
Langlois. *Paris, Engelmann,* in-fol. rel. *Figures sur
chine.*

1327. Voyage d'Espagne, cont., entre plusieurs parti-
cularitez de ce royaume, trois discours politiques sur
les affaires du protecteur d'Angleterre, la reine de
Suède, et du duc de Lorraine (par Arsins de Sommer-
dyck), avec une relation de l'état et gouvernement de
cette monarchie (par Saint-Maurice). *Cologne, à la
sphère, P. Marteau,* 1666, pet. in-12, v. fauve. (*Aux
armes de la comtesse de Verrue.*)

1328. Itinéraire du Luxembourg germanique, ou Voyage
hist. et pittoresque dans le grand-duché, par de La
Basse-Moûturie. *Luxembourg,* 1844, in-8, br. *Plan.*

1329. Mémoire du voiage en Russie, fait en 1586 par
Jéhan Sauvage, suivi de l'expédition de Fr. Drake
en Amérique, par L. Lacour. *Paris, A. Aubry,* 1855,
pet. in-8, dem.-rel.

1330. Voyage de M. P. S. Pallas en différentes provinces de l'empire de Russie, et dans l'Asie septentrionale, trad. de l'all. par G. de La Peyronie. *Paris,*
1788-93, 5 vol. in-4, v. rac., et *atlas* in-fol., dem-rel.,
dans lequel on trouve la *carte générale de la Russie.*

1331. Voyage en Sibérie, fait en 1761, cont. les mœurs,
les usages des Russes, leur état actuel, etc., par l'abbé
Chappe d'Auteroche. *Paris, Debure,* 1768, 2 t. en 3
vol. gr. in-4, et *atlas* in-fol. max. *Jolies figures de Le
Prince.*

Bel exemplaire. On trouve dans l'atlas le nº 10, *Carte des Vosges,* qui
manque quelquefois.

1332. Journal du voyage de Siam, fait en 1685 et 1686,
par L. D. C. (l'abbé de Choisy). *Paris,* 1687, in-4,
v. gr.

1333. Voyage aux Indes orientales et à la Chine (1774-1781), par Sonnerat. *Paris*, 1782, 2 vol. in-4, v. m. *Figures en nombre.*

1334. Journal du voyage du chev. Chardin, en Perse et aux Indes orientales. *Londres*, 1686, in-fol. rel. *Planches. (Rel. fatig., mouill.)*

1335. Il devotissimo viaggio di Gierusalemme, fatto e descritto da Giovanni Zuallardo. *In Roma, Domenico Basa*, 1595, in-8, parch.

Édition rare; les *nombreuses gravures et cartes* qui l'enrichissent sont du fameux Buildings.

1336. Voyage dans l'Afrique australe (1838-1844), par A. Delegorgue. *Paris*, 2 vol. gr. in-8, dem.-rel., m. br., n. rog. *Cartes et figures.*

1337. Voyage à Surinam et dans l'intérieur de la Guiane, par le capitaine J. G. Stedman. *Paris, an VII*, 3 vol. in-8, et *atlas,* bas.

1338. Discours sur l'histoire universelle à monseigneur le Dauphin, par messire Jacques-Bénigne Bossuet. *Paris, Sébastien Mabre-Cramoisy*, 1682, in-12, mar. rou., rel. jans., tr. dor. ombrée.

Seconde édition originale.—Très-bel exemplaire, relié par Thompson.

1339. Quintus Curtius. *Londini, Brindley*, 1746, 2 t. en 1 vol. in-12, v. rac.

1340. Commentaires de César, avec des notes hist., critiques et militaires, par Turpin de Crissé. *Amst.*, 1787, 3 vol. in-8, v. rac. *Bon nombre de plans.*

1341. Les observations de plusieurs singularitez et choses mémorables trouvées en Grèce, Asie, Judée, Égypte, Arabie et autres pays étranges, rédigées en trois livres, par P. Belon, du Mans. *Paris, on les vend en la grand salle du palais, en la boutique de Gilles Corrozet*, 1555, in-4, dem.-rel., mar. vert du Levant. *Figures.*

HISTOIRE DE FRANCE.

1343. Les recherches de la France, d'Estienne Pasquier, augm. par l'autheur en ceste derniere edition, de plus beaux placards et passages, etc. *Paris, 1611, in-4,* parch.

1344. Histoire des modes françaises, ou révolutions du costume en France, depuis l'établiss. de la monarchie jusqu'à nos jours, cont tout ce qui concérne la tête des Français, avec des recherches sur l'usage des chevelures artificielles chez les anciens (par Molé, avocat). *Amsterdam, 1773, in-12,* v. mar.

1345. Histoire de la vie privée des Français, par Le Grand d'Aussy. *Paris, 1782,* 3 vol in-8, bas.

1346. Le voyage de France (par Claude de Varennes). *Paris, Olivier de Varennes, 1641,* pet. in-8, parch. *Curieux.*

1347. Recueil de pièces en 1 vol. in-8, v. mar. (*Réunion curieuse de pièces rares.*)

Vœux et demandes des bons citoyens pour la suppression des capitaineries.—Observations sur les capitaineries ou dénonciations des abus et vexations inouîes qui s'y commettent journellement. *Bruxelles, 1788.*—Lettres à l'auteur, sur la capitainerie de Monceaux.—Dialogue sur les capitaineries, par l'auteur de l'Impôt volontaire.—Mémoire sur les capitaineries et principalement sur celle de Fontainebleau, 1789.—Essai sur les capitaineries royales et autres, et sur les maux incroyables qui en résultent depuis Louis XI, par Boucher de la Richarderie, 1789.

1348. Recueil des roys de France, leurs couronne et maison; ensemble le rang des grands de France, par J. du Tillet. *Paris, 1618,* in-4, rel. *Portraits et blason en bois.* (*Q. q.* mouill.)

1349. Histoire de France, par Mézeray. *Paris, 1839,* gr. in-8, dem.-rel. ch.

1350. Les Mémoires de messire Philippe de Commines : sur les principaux faicts et gestes de Louis XI et de Charles VIII, son fils, roys de France, reveus et corrigés par D. Sauvage. *Lyon, Ian de Tournes, 1559,*

in-fol. rel. (On a enlevé la marge du titre sans l'at-
teindre.)

1351. Puellæ Aurelianensis causa adversariis orationi-
bus disceptata; auctore Jacobo Jolio. *Parisiis, J.
Berlaut,* 1609, in-8, mar. bl., rel. jans., tr. dor.,
dent. intér. (*Trautz-Bauzonnet.*)

1352. Les mémoires de la roine Marguerite (publ. par
Mauléon de Granier). *Paris, Ch. Chappellain,* 1628,
pet. in-8, vél.
Première édition.

1353. Les mémoires de M. le duc de Guise (publ. par
de Saint-Yon). *Paris,* 1668, in-4, vél. (Légère déchirure au titre.)
Édition originale.

1354. Histoire des plus illustres favoris anciens et modernes, recueil. par M. P. D. L. (Pierre du Puy); avec
un journal de ce qui s'est passé à la mort du mares-
chal d'Ancre. *Leide, Elsevier,* 1659, in-4, v. gr.

1355. La chasse au vieil grognart de l'antiquité. *S. l.*
(*Paris*), 1622, pet. in-8, monté in-4, 32 p. dem.-rel.,
d. et c. mar., tr. dor.
Pièce rare sur les affaires du temps.

1356. La chasse au renard, ou Remerciment des poulles
au roy. *S. l.,* 1623, pet. in-8, dem.-rel., d. et c.
mar. bl., tr. dor.
Pièce satirique sur l'histoire de France, règne de Louis XIII.—Rare.

1357. Les revélations de l'hermite solitaire sur l'estat
de la France (par Jean Chesnel). *Paris, Toussaincts
du Bray,* 1617, in-8 vél. *Front. gravé et 12 jolies
figures. (Très-rare.)*
A la suite se trouve : La reigle et constitution des chevaliers de l'ordre de la Magdeleine.

1358. Tableau allégorique, pour l'année jubilaire du
règne de Louis le Bien-Aimé. *Paris, Simon,* 1766,
in-64, mar. rou., fil., doublé de tabis. (*Derome.*)
Joli petit vol. très-rare. Haut., 67 mill.

1359. Mémoires historiques, politiques, secrets et ga-

lants,avec les differens caractères des personnes dont
il est parlé, par madame la duchesse D. N. (de Nemours.) *Cologne*, 1723, pet. in-12, dem.-rel.

HISTOIRE DES VILLES ET PROVINCES DE FRANCE.

1360. Paris au XIIIe siècle, par A. Springer; trad. li-
brement de l'allemand, avec introduction et notes, par
un membre de l'édilité de Paris (Victor Foucher). *Paris. A. Aubry*, 1860, pet. in-8, dem.-rel, d. et c.,
mar. rou., n. rog.
Exempl. sur papier bleu clair.

1361. Les églises et monastères de Paris, pièce en prose
et en vers des IXe, XIIIe et XIVe siècles, publ. d'après
les mss., avec des notes et préface, par H. L. Bordier.
Paris Aubry, 1856, pet. in-8, cart. à l'anglaise.

1362. Paris démoli; 2e édition, par E. Fournier, avec
préface, par Th. Gautier. *Paris, Aubry*, 1855, in-12,
dos et coins maroq. La Val., tête dor.

1363. Statuts et règlements pour la communauté des
officiers jurez chargeurs de bois de la ville, faux-bourg
et banlieuë de Paris... *Paris*, 1699, in-12, v. br.
A la suite, quatre autres pièces sur le même sujet.

1364. Les tombeaux des rois, des reines et des autres
qui sont dans l'église royale de Saint-Denis. *Paris,
J. Chardon*, 1745, in-8 de 16 p., dem.-rel., d. et c.,
mar. bl., tr. dor. *Figures.*

1365. Plan de la ville et du château de Versailles, par
Picquet. 1839, sur toile, dans un étui.

1366. Le château de Chambord, par L. de la Saussaye,
huitième édition. *Lyon, imp. de L. Perrin*, 1859, in-8,
sur pap, teinté. Vue de Chambord d'ap. Ducerceau,
maroq. br., tr. dor. (*David.*)

1367. Histoire, topographie, antiquités, usages, dialectes des Hautes-Alpes, par Ladoucette. *Paris*, 1834, in-8, dem.-rel. *Carte et planches.*

HISTOIRE DE LORRAINE.

1367. Coustumes générales de la ville de Metz et pays messin, rédigées en suitte du résultat de l'estat tenu le 12 nov. 1602. *Metz*, 1603, pet. in-4, vél.

1369. Commentaire sur les coustumes de Lorraine, par P. Canon. *Espinal, Ambroise*, 1634, pet. in-4, bas.

1370. Coutumes de l'évêché de Metz, par Dilange, *La Haye*, 1772, in-12.—Coutumes des villes et prévostés de Marsal.— Coutumes du duché de Lorraine. *Nancy*, 1733.—Coutumes générales de la ville de Thionville. *Metz*, 1706. Ens. 4 vol., in-12 et in-18, rel.

1371. Coutumes du comté de Blamont. *Nancy*, 1747, in-12, br.

1372. Coustumes générales des trois bailliages de Lorraine, Nancy, Vosges et Allemagne. In-16, cart.
Manuscrit du xviie siècle.

1373. Règlement fait par MM. les commissaires députez par S. M. pour la réformation des eaux et forêts du département des duchez de Lorraine et de Barrois, et des prevotez réunies aux trois évêchés de Metz, Toul et Verdun. *Metz*, 1693, pet. in-12, dem.-rel., v. viol.

1374. Edit du roy concernant les arts et métiers. *Metz*, 1740.—Edit du roy pour la création de maîtres et syndics de tous les corps de la ville de Metz. 1692, 2 br. pet in-fol.

1375. Table alphabétique des villes, bourgs, villages, etc., de la Lorraine et du Barrois. *Nancy*, 1766, in-8, br.

1376. Usages locaux de la ville de Toul et pays toulois. *Metz*, 1747, in-12, v. mar.

1377. Lettres du roy à Mgr l'évêque comte de Toul. *Toul*, 1744, 46, 47, 3 br. in-4.

1378. Mandements de Mgr l'évêque, comte de Toul. *Toul,* 1766-68, 3 br. in-4.

Te Deum du vœu de Louis XIII.—Prières pour le repos de l'âme de la reine.—Prières pour le repos de l'âme du dauphin.

1379. SYMPHORIEN CHAMPIER. Le recueil ou croniques des hystoires des royaulmes daustrasie. ou France orientale dite à présent Lorrayne de Hierusalem, de Cicile. Et la duche de Bar. Ensemble des sainctz contes et euesques de Toulx. contenant sept liures tant en latin que en francoys...

Oultre ce que dessus y est adjouste le liure intitule Lordre de cheualerie, par lequel est demonstre comme les cheualiers se doibuent faire, et les vertus qui doibuent estre en eulx.

(*Au bas du titre*) : *Venundatur apud Nanceium primarium lotharingie oppidum.* In-4,goth. de c. IX ff. à longues lignes, non chiffrés, les XIX derniers pour Lordre de cheualerie ; signat. A.-S. *Nombreuses figures gravées dans le texte* (dont quelques-unes répétées). Reliure en vélin, plusieurs feuillets raccommodés et les VII derniers de l'Ordre de chevalerie, manuscrits.

Au verso du deuxième feuillet, une gravure en bois : *c'est Champier présentant sa chronique au duc de Lorraine.*

1380. Esclaircissemens sur les affaires de Lorraine pour tous les princes chrestiens. *Chez Martin Frédérick,* 1671, in-12, dem.-rel., d. et c., mar. rou., n. rog.

Avec le texte allemand en regard.

1381. Recherches des sainctes antiquitez de La Vosge, province de Lorraine ; reveües... par Jean Ruyr, Charmesien. *A Espinal, Ambroise, Amboye,* 1634, in-4, vélin.

Ouvrage recherché. La marge extérieure est atteinte d'humidité.

1382. Nancy, histoire et tableau, par P. G. Dumast; 2e édit., aug. *Nancy,* 1847. *Plan de Nancy; vue du palais ducal et dessins de la poterie d'Antoine,* etc.— Le duc Antoine et les rustauds, lettres au journal *l'Univers*, suivies d'une seconde édit. ; des esquisses d'un voyage de Nancy à Bourbonne. *Nancy*, 1849; en 1 vol. in-8, dem.-rel., d. etc., mar. rou., n rog.

1383. Histoire de l'affaire de Nancy, 1790, épisode de la révolution, par X. Maire, avec portrait et 2 photographies. *Nancy, Maubon*, 1861, in-8, maroq. vert, jans., tr. dor.

Exempl. unique tiré sur papier bleu clair.

1384. Profil de la ville et de la forteresse de Marsal, par Israël Silvestre, 1670, gr. feuille, gravée à l'eau-forte.

1385. Notices sur l'ancienne ville de Serpanne et le pays serpannais, tirées de diff. ouvrages, recueillies par Laurent Mansuy. *Pont-à-Mousson*, 1817, br., in-8.

1386. Eglise des cordeliers, la Chapelle ronde, sépultures de la maison de Lorraine à Nancy ; hist. et descript. de ces édifices, avec gravures et plans, par J. Cayon. *Nancy*, 1842, in-8, veau rou., fil., *titre gravé. Figures.*

Exemplaire sur papier vergé de Hollande, non rogné.

1387. Très-humble remonstrance au roi par les gentils-hommes de Lorraine créés depuis l'an MDCX presente a S. M. au mois de sept. 1697, par Pillement de Russange (publ. par M. Durand de Lançon). *Pont-à-Mousson*, 1859, in-12, dos et coins maroq. rou., n. rog., tête dor.

Exempl. sur papier vert.

1388. De l'ancienne chevalerie de Lorraine, documents inédits, publ. par V. Bouton. *Paris*, 1861, in-12, br.

1389. Anecdotes relatives à une ancienne confrairie de buveurs sur les confins de la Lorraine et de l'Alsace, ms. composé par l'abbé Grandidier. *Nancy*, 1850, in-8, cart. *Papier vergé fort.*

1390. Triomphe du corbeau, cont. les propriétés, perfections, raretés, et vertus souveraines avec les significations des mystères relevés de nostre foy, et le

triomphe du monarque lorrain remettant par favorable présage le sceptre de Judée en l'auguste maison de ses devanciers, par messire Ant. Uzier. *Nancy*,
1619, pet. in-4, n. rog.

Réimpression d'un livre rare, tirée à petit nombre.— Exemplaire sur grand papier vergé.

1391. L'histoire de Filipe Émanuel de Lorraine, duc de
Mercœur (par J. Bruslé de Mont-Pleinchamp). *Cologne, P. Marteau (Holl., à la Sphère)*, 1689, in-12,
réglé, mar. rou., rel. jans., non rogné.

Première édition,

1392. Le triomphe de son altesse Charles IIII, duc de
Lorraine, etc., à son retour dans ses États. *Nancy*,
1664, in-fol., cart.

Réimpression fac-simile, publ par Cayon-Liebault, à Nancy, 1848.

1393. De la souveraineté du roy à Mets, pays messin et
autres villes et pays circonvoisins : qui estoient de
l'ancien royaume d'Austrasie ou Lorraine, contre les
prétentions de l'Empire, de l'Espagne et de la Lorraine, et contre les maximes des habitans de Mets,
qui ne tiennent le roy que pour leur protecteur, par
le R. P. Charles Hersent. *Paris*, 1632, in-8, dos et
coins de maroq. vert, tr. dor.

1394. Relation de la dédicace de la statue pédestre de
S. M. T. C. érigée dans la ville de Nancy, le 26 novembre 1755. *Nancy, P. Antoine.*—Remontrances
de la cour souveraine au Roi. *Nancy, Charlot*, 1755,
2 br. in-4.

HISTOIRE ÉTRANGÈRE.

1395. Mirabilia Rome urbis. *Impressum Rome, per
Martinū et J. Besicken, anno MCCCCC*, pet. in-8, mar.
LaVall., n. rog. (en gothique.) *Gravures sur bois.*

1396. Les merveilles de la ville de Rome, où il est traité
des églises, stations et reliques des corps saints qui y

sont : avec les noms des papes, empereurs et autres
princes chrestiens (par P. P. Julien). *Toul*, 1616.—
Les antiquitez de la ville de Róme, briefvement re-
cueillies des auteurs tant anciens que modernes, par
A. Palladio. *Toul*, 1616, en 1 vol. in-12, dem.-rel.
(*Rare et curieux.*)

1397. La ville et république de Venise, par le sieur de
Saint-Disdier (Alex. Toussaint). *Amsterdam, Daniel
Elzevier*, 1680, pet. in-12, mar. rou., rel. jans.
Bel exemplaire.

1398. Histoire de la république de Venise, par Bapt.
Nani (trad. par Fr. de Tallemant). *Cologne, P. Mar-
teau*, 1682, 4 vol. in-12, bas.
Édition estimée.

1399. Historia della republica Veneta, di Michele Fos-
carini. *In Venetia*, 1699, in-4, cart., n. rog.

1400. Le courrier desvalisé, publ. par Ginifaccio Spi-
rocini (Ferranti Pullavicino). *Villefranche*, 1644. —
La Bassinade, c'est-à-dire battement des bassins
pour les abeilles barberines, à l'occasion de ce que le
pape Urbain VIII a prins les armes contre le duc de
Parme. — La disgrâce du comte d'Olivarez, trad. de
l'italien; en 1 vol. pet. in-12, dem.-rel.

1401. Le tableau des calamités, ou description de l'ex-
tinction de Lisbonne par les tremblements de
terre, etc. *S. l.*, 1756, in-12, bas.

1402. Annales des choses plus mémorables arrivées
tant en Angleterre qu'ailleurs, sous Henry VIII,
Édouard VI et Marie, trad. du latin (de Godwin),
par de Loigny. *Paris*, 1647, in-4, rel.

1403. Camps topographiques de la campagne de 1757,
en Westphalie, commencée par le maréchal d'Estrées,
continuée par Richelieu et finie par le comte de Clermont : avec le journal de ses opérations, etc., par Du
Bois. *La Haye*, 1760, in-4 obl., v. mar. *Planches
gravées.*

1404. Historia de gentibus septentrionalibus, authore Olao Magno. *Antverpiæ*, 1572, pet in-8, dem.-rel., n. rog. *Curieuses figures en bois.*

1405. Histoire de Russie, représentée par *figures gravées par David*, d'après les *dessins de Monet*, accomp. de discours, par Blin de Sainmore. *Paris, chez David*, 3 tom. en 1 vol. in-4, dem.-rel., n. rog.

1406. Description de l'Ukranie, par le chevalier de Beauplan; nouv. édit. publ. par le prince Augustin Galitzin. *Paris, Tcchener*, 1861, pet. in-12, dem.-rel. maroq. v., n. rog.

PARALIPOMÈNES HISTORIQUES.

1407. Essai sur les apanages, ou Mémoire hist. de leur établissement (par H. F. Duvaucel). *S. l. n. d.* (vers 1788), 2 tom. en 1 vol. in-4, v. m., fil.

Cet ouvrage, dit Mercier de Saint-Leger, n'a été tiré qu'à 12 exemplaires, l'auteur n'ayant pas voulu le rendre public. (Bibliog. curieuse, par G. Peignot, page 25.)
Exemplaire avec le cachet de la Bibliothèque du roi, Palais-Royal.

1408. Le Blason des couleurs en armes, livrées et devises, par Sicille, hérault d'armes d'Alphonse V, roi d'Arragon, publ. et annoté par H. Cocheris. *Paris, A. Aubry*, 1860, pet. in-8, maroq. rou. doublé de maroq. bleu à dent. (*Aux armes du baron Grandjean.*)

Exemplaire de choix sur papier chamois, orné de trois portraits de Sicille, dont 1 sur peau vélin; *blasons coloriés à la gouache.*

1409. La nouvelle méthode raisonnée du blason, par le P. Menestrier. *Lyon*, 1734, in-12, v. mar. *Figures.*

1410. Mémoires de l'ancienne chevalerie considérée comme un établiss. politique et militaire, par de La Curne de Sainte-Palaye. *Paris*, 1781, 3 vol. in-12, v. mar.

1411. Recherches historiques sur les corporations des archers, des arbalétriers, par V. Fouque. *Châlon-*

sur-Saône, 1852, in-8, dem.-rel. mar. viol. (*Ex libris Sauvageot.*)

1412. Recueil de pièces concernant le prix provincial de l'arquebuse royale de France, rendu par la compagnie de la ville de Meaux, le 6 sept. 1778. *Meaux*, 1778, in-12, dem.-rel.

A la suite : Une notice imprimée, extraite de l'*Histoire de Nancy* de J. Cayon, sur la compagnie de la Butte et les arquebusiers en Lorraine, précédée d'une longue note manuscrite de la main de J. Cayon, et d'une planche représentant un trophée.

1413. Histoire de la barbe et des cheveux en Normandie, par A. Canel. *Rouen*, 1859, in-12, dem.-rel. mar., n. rog., tête dor.

1414. Baïf (L.). De re navali, de re vestiaria et de vasculis. Antonii Thylesii de coloribus libellus ; a color. vestium non alienus. *Lutetiæ*, 1549, in-4, allongé, dem.-rel. mar. rou. *Enrichi de figures bien gravées sur bois.*

1415. Epitome du thresor des antiquitez, c'est-à-dire pourtraits des vrayes médailles des empp. tant d'Orient que d'Occident. De l'estude de Jacques de Strada, trad. par J. Louveau, d'Orléans. *Lyon*, 1553, in-4, parch. *Nombreuses figures de médailles.*

1416. LE PLAISANT LIVRE DE NOBLE HOMME Jehan Bocace, poëte florentin, auquel il traicte des faictz et gestes des illustres et cleres dames, traduict de latin en françois. Imprime nouvellement à Paris, le quatriesme jour de mars, l'an mil cinq cens trente huyt. *On les vend à Paris en la rue Neuve-Nostre-Dame, a lenseigne Sainct Nicolas. (A la fin, la marque de J. Denis et P. Sergent.)* Pet. in-8, goth., veau fau., fil., tr. dor.

Livre rare en bel état.

1417. Summaire ou epitome du livre de Asse, fait par le commandement du roy, par maistre Guillaume Bude. *Paris, Galliot du Pre,* 1522, in-8, réglé, v. fau., fil., tr. dor. (*Niedrée.*)

1418. Dictionnaire de diplomatique, où étymologies
des termes de la basse latinité p. s. à l'intelligence des
archives, chartres, etc., par l'abbé Montignot. *Nancy*,
1787, in-8, dem.-rel. v. fauve.

HISTOIRE LITTÉRAIRE.

1419. De l'état réel de la presse et des pamphlets depuis François Ier, jusqu'à Louis XIV, par C. Leber.
Paris, 1834, in-8, dem.-rel. v. ant. , n. rog.!(*Galette.*)

1420. Les manuscrits françois de la bibliothèque du
Roi, leur histoire et celle des textes allemands, anglois, etc., par Paulin Paris. *Paris, Techener*, 1836-
48, 7 vol. in-8, dem.-rel. v. fau., n. rog. (*Petit.*)

1421. Histoire d'un livre, par Mary Lafon. *Paris*, 1857,
in-12, dos et c. mar. rou.

1422. Ma République, par P. L. Jacob (Paul Lacroix).
Paris, 1861, in-12, dos et c. mar. rou. , n. rog.,
tête dor.

1423. Histoire des travaux et des idées de Buffon, par
P. Flourens. *Paris*, 1850, in-12, dem.-rel., mar.
bleu.

1424. Des manuscrits de Buffon, avec des fac-simile de
Buffon et de ses collaborateurs, par P. Flourens. *Paris*,
1860, in-12, dem.-rel. mar. br.

1425. Histoire littéraire des fous, par O. Delepierre.
London, 1860, in-8, cart., n. rog.

1426. Curiosités littéraires, par L. Lalanne. *Paris*,
1857, in-12, dem.-rel. v. viol.

1427. Voyages littéraires sur les quais de Paris, lettres
à un bibliophile de province, par. A. de Fontaine de
Resbecq. *Paris*, 1857, in-12, dem.-rel.. v. viol.

1428. Histoire du livre en France, depuis les temps les
plus reculés jusqu'en 1789, par Werdet. *Paris*, 1861
(1re et 2e parties), 2 vol. in-12, br.

1429. De la librairie française, son passé , son présent, son avenir ; avec notices biographiques, par E. Werdet. *Paris,* 1860, in-12, dem.-rel. mar. La Vall.

BIOGRAPHIE.

1430.. La vie de saint Thomas le martyr, archevêque de Canterbury, par Garnier de Pont-Sainte-Maxence, poëte du XIIe siècle, publ. par Hippeau. *Paris, Aubry,* 1859, in-8, dos et coins de maroq. rou., n. rog.

1431. Saint Hubert, apôtre des Ardennes, patron des chasseurs, par Stan. Prioux. *Paris,* 1853, in-12, dem.-rel., mar. rou.

1432. Estienne Dolet, sa vie, ses œuvres, son martyre, par J. Boulmier. *Paris,* 1857, in-8, dos et coins de mar. rou., n. rog., tête dor. *Portrait.*

1433. Notice historique et bibliographique sur Jean Pelerin, chanoine de Tours, et sur son livre : de Artificiali perspectiva, publ. par A. de Montaiglon. *Paris, Tross,* 1861, br. in-fol. *Planches.*

1434. Essai historique sur la vie privée de Marie-Antoinette d'Autriche. *S. l.,* 1789, in-8, dem.-rel., mar. rou., n. rog.

1435. Vie de Linné, rédigée sur les documents autogr. laissés par ce grand homme, par Fée. *Paris,* 1832, in-8, *Fig. et fac-simile.*

1436. Essai historique sur la vie et les écrits de François (de Neufchâteau), entremêlé de quelques conseils qu'on lui adresse sur son ministère, par un hermite de Seine-et-Marne (Cubières). *Paris, Chemin, an VII,* br. in-8. de VII et 61 p.

Sur le verso du faux titre nous lisons la note suivante, autographe de François de Neufchâteau : *Il n'existe qu'un très-petit nombre d'exemplaires de cette brochure, François de Neufchâteau l'ayant fait supprimer après avoir envoyé 25 louis à son panégyriste, qui le dénonça après la journée de fructidor.* (Voir la page 36.) Puis : *Cette note cy-dessus qui m'avait été fournie par M....., est de toute fausseté.*

BIBLIOGRAPHIE.

A. INTRODUCTION. — TRAITÉS SUR LES LIVRES,
LES BIBLIOTHÈQUES.

1437. Philobiblion, excellent traité sur l'amour des livres,
par Richard de Bury ; trad. pour la première fois en
français, par H. Cocheris. *Paris, A. Aubry*, 1856,
pet. in-8, papier vergé, cart. n. rog.

1438. Essai sur la bibliographie et sur les talens du
bibliothécaire (par Parent aîné). *Paris, an IX*, in-8,
dem.-rel.

1439. Traitté des plus belles bibliothèques de l'Europe,
par Le Gallois. *Paris*, 1680, in-12, v. gr.

1440. Lettre au comte Aug. Nadaillan, sur le goût des
livres, par Mérard de Saint-Just. *Nancy*, 1785, in-12,
dem.-rel., mar. viol., n. rog. *Papier vélin. (Rare)*.

1441. De la bibliomanie (par Bollioud-Mermet). *La
Haye*, 1761, in-8, cart.

1442. Bibliographie instructive, ou Traité de la connaissance des livres rares et singuliers, par G. F. de
Bure. *Paris*, 1763, 7 vol. in-8, v. mar.

1443. Bibliothéconomie, ou nouveau manuel complet
pour l'arrangement, etc., des bibliothèques, par L.
A. Constantin. *Paris*, 1841, in-18, dem.-rel. v. ant.

1444. Plan d'une bibliothèque universelle, étude des
livres qui peuvent servir à l'histoire littéraire et philosophique du genre humain, suivi du catalogue des
chefs-d'œuvre de toutes les langues, par Aimé-
Martin. *Paris*, 1837, in-8, dem.-rel., mar. rou.,
n. rog.

1445. Curiosités bibliographiques, par L. Lalanne.
Paris, 1845, in-12, dem.-rel., v. viol.

1446. Le Mirouer du bibliophile parisien ou se voyent

au vray le naturel, les ruses et les joyeulz esbattemens
des fureteurs de vieilz livres. *Paris*, 1848, in-12,
dem.-rel., mar. viol. (*Épuisé.*)

1447. Mémoires d'un bibliophile, par M. Tenant de
Latour. *Paris*, 1861, in-12, dos et c. mar. rou., n.
rog., tête dor.

1448. L'Enfer du bibliophile, vu et décrit par Ch. Asse-
lineau. *Paris*, 1860, in-12, dos et c. mar. rou., n.
rog., tête dor.

1449. Annuaire du bibliophile, du bibliothécaire et de
l'archiviste. *Paris*, 1860, in-12, dem.-rel., d. et c.
mar. bl., n. rog., tête dor.
Première année. —Exemplaire sur papier vergé.

1450. Annuaire du bibliophile, du bibliothécaire et de
l'archiviste pour l'année 1861, publ. par L. Lacour.
Paris, in-12, d. et c. mar. bleu, n. rog., tête dor.
(*Exempl. sur papier de Hollande.*)

1451. Réforme de la bibliothèque du roi, par P. L.
Jacob (Paul Lacroix). *Paris*, 1845, in-12, dem.-rel.,
mar. rou.

1452. La bibliothèque impériale, son organisation, son
catalogue, par un bibliophile. *Paris, A. Aubry*,
1861, petit in-8.
L'un des 10 exemp. tirés sur pap. vergé.

1453. La librairie de Jean, duc de Berry, au château
de Mehun-sur-Yèvre.—1416.—Publ. pour la première fois d'après les inventaires et avec des notes,
par Hiver de Beauvoir. *Paris, A. Aubry*, 1860, pet.
in-8, dem.-rel., d. et c. de mar. viol., n. rog.
L'un des 6 exemp. tirés sur pap. de Chine.

1454. Histoire de la Bibliothèque Mazarine, depuis sa
fondation jusqu'à nos jours, par Alfred Franklin.
Paris, Aubry, 1860, in-8, maroq. rou. du Lev., n.
rog., tête dor. (*Weill*).
L'un des 6 exemp. tirés sur pap. de Chine. Portrait de Mazarin,
photogr. ajouté.

B. BIBLIOGRAPHES GÉNÉRAUX.

1455. Manuel du bibliophile ou traité du choix des livres, par G. Peignot. *Dijon*, 1823, 2 vol. in-8, dem.-rel., n. rog.

1456. Traité du choix des livres, par G. Peignot. *Dijon*, 1817, in-8, dem.-rel.

1457. Johan. Lomeieri Eccl. Zutphaniensis de Bibliothecis liber singularis. *Ultrajecti*, 1680, in 12, cart. *Titre gravé.*
Exemplaire non rogné.

1458. Repertorium bibliographicum, in quo libri omnes ab arte typogr. inventa usque ad annum MD., opera, L. Hain. *Stuttgardt*, 1826-1838, 4 vol. in-8, cart., n. rog.
Laborieuse et utile compilation, comprenant 16,299 articles.

1459. Répertoire bibliographique universel, par G. Peignot. *Paris*, 1812, in-8, dem.-rel.

1460. Dictionnaire bibliographique, hist. et critique des livres rares, précieux, singuliers....., soit manuscrits, soit imprimés (par l'abbé Duclos). *Paris*, 1802, 3 vol.—Supplément (par Brunet) ; ens. 4 vol. in-8, cart., n. rog.

1461. Dictionnaire typographique, hist. et critique des livres rares, singuliers, estimés et recherchés en tous genres, par Osmont. *Paris, Lacombe*, 1768, 2 vol. in-8, v. m.

1462. Sistème général de bibliographie alfabetique, appliqué au tableau enciclopédique des connaissances humaines, et en particulier à la phitologie (par de Fortia d'Urban). *Paris*, 1819, in-12, v. rac.

1463. Dictionnaire bibliographique ou nouveau manuel du libraire et de l'amateur de livres, par P. (Psaume). *Paris*, 1824, 2 vol. in-8. dem.-rel.

1464. Dictionnaire des ouvrages anonymes et pseudo-
nymes, en français et en latin, par Barbier. *Paris,*
1822, 4 vol. in-8, cart., n. rog. (*Raparlier*). *Portrait.*

Envoi autographe de l'auteur.

1465. Le même, 1806, 4 vol. in-8, bas.

1466. Les auteurs déguisés de la littérature française
au XIXe siècle ; essai bibliographique p. s. de suite à
A. Barbier, par J. M. Quérard. *Paris,* 1845, gr. in-8,
dos et coins mar. bleu, n. rog.

1467. Nouveau recueil d'ouvrages anonymes et pseu-
donymes, par de Manne. *Paris,* 1834, in-8, dem.-rel.,
v. fau. n. rog. (*Bel exemplaire.*)

1468. Manuel du libraire et de l'amateur de livres, par
J. C. Brunet; 3e édit. *Paris,* 1820, 4 vol. in-8, v. rac.

1469. Nouvelles recherches bibliographiques p. s. de
suppl. au Manuel du libraire et de l'amateur de livres,
par Ch. Brunet. *Paris, Silvestre,* 1834, 3 vol. in-8, br.

1470. Archives du bibliophile. *Paris, Claudin,* 1858-
60, 43 livr.

1471. Bulletin du bouquiniste, publ. par A. Aubry,
avec la collaboration d'une société d'hommes de lettres
et de bibliophiles. *Paris,* janvier 1857 à juin 1860.
— Tables, 1857-58. Ens. 6 vol. in-8, br.

C. CATALOGUES.

1472. Catalogue des livres de la bibliothèque du duc
de La Vallière, par de Bure. *Paris,* 1783, 3 vol. in-8,
dem.-rel. vél.

1473. Supplément à la bibliographie instructive, ou
Catalogue des livres du cabinet de L. J. Gaignat,
mis en ordre par G. F. de Bure. *Paris,* 1769, 2 vol.
in-8, v. mar.

Avec prix manuscrits.

1474. Catalogues de ventes, 7 vol. in-8, br.
De Blainville. —Brongniart,—Ch. Blanc.—Etc.

1475. Catalogue des livres de la bibliothèque de Buc'hoz, médecin botaniste, publ. par G. de Bure. *Paris*, 1778, in-8, cart.

1476. Catalogue des livres, dessins et estampes de la bibliothèque de J. B. Huzard, mis en ordre par Leblanc. *Paris*, 1842, 3 vol. in-8, dem.-rel., n. rog. *Portrait.*
La seconde partie est interfoliée de papier blanc.

1477. Catalogue de la bibliothèque scientifique de MM. de Jussieu. *Paris*, 1857, in-8, dem.-rel., mar. rou.

1478. Catalogue des livres de M. le comte François de Neufchâteau. *Paris*, 1827, in-8, dem.-rel. mar. rou.

1479. Catalogue des principaux livres, manuscrits, monnaies, médailles, etc., provenant des collections lorraines de M. Noël. *Nancy*, 1858, in-8, br.

1480. Catalogue de la bibliothèque de M. F. Solar. *Paris*, 1860-61, 2 part. in-8, br.

1481. Description bibliographique des livres choisis en tous genres composant la librairie de J. Techener. *Paris*, 1855, 1858, 2 vol. in-8, br.

1482. Catalogue annuel de la librairie française, publ. par Reinswald. Années 1858, 59 et 60, 3 vol. in-8, cart. percal. rou.

D. BIBLIOGRAPHIES SPÉCIALES.

1483. Annales de l'imprimerie des Alde, ou histoire des trois Manuce, de leurs éditions, par A. A. Renouard. *Paris, Renouard*, 1803, 2 vol. — Supplément. *Paris*, 1812. Ens. 3 vol. in-8, cart. à la Bradel. *Portraits.*

1484. Annales de l'imprimerie des Elsevier, ou histoire de leur famille et de leurs éditions, par Ch. Pieters,

2ᵉ édit. *Gand*, 1858, gr. in-8, dem.-rel., dos et c. de mar. rou., tête dor., n. rog.

1485. Bibliographie agronomique (par Musset-Pathay). *Paris*, 1810, in-8, dem.-rel.

1486. Bibliographie curieuse, ou notice raisonnée des livres imprimés à cent exemplaires au plus, suivie d'une notice de quelques ouvrages tirés sur papier de couleur, par G. Peignot. *Paris*, 1808, in-8, dos et coins mar. rou., n. rog. tête dor.

Tiré à 100 exemplaires sur grand papier vélin.

1487. Bibliographie des principaux ouvrages relatifs à l'amour, aux femmes, au mariage, indiquant les auteurs de ces ouvrages, leurs éditions, leur valeur et les prohibitions ou condamnations dont certains d'entre eux ont été l'objet, par le comte d'I. *Paris*, 1861, in-8, dos et coins mar. viol., n. rog., tête dor. (*Épuisé.*)

1488. Bibliographie douaisienne, par H. R. Duthillœul. *Paris*, 1835, in-8, dem.-rel. maroq. rou.

1489. Bibliographie entomologique, ou Catalogue raisonné des ouvrages relatifs à l'entomologie, par Ch. Nodier. *Paris, Moutardier, an IX*, in-12, dem.-rel., d. et c. mar. rou., tête dor., n. rog.

Petit volume rare.

1490. Bibliographie entomologique, comprenant l'indication par ordre alphabét. de noms d'auteurs, par A. Percheron. *Paris*, 1837, 2 t. en 1 vol. in-8, dem.-rel., mar. viol., n. rog.

1491. Nouvelles recherches de bibliographie lorraine, 1500-1700, par Beaupré. *Nancy*, 1856, in-8, dem.-rel., v. ant.

1492. Bibliotheca scatologica, ou catalogue raisonné des livres traitant des vertus, faits et gestes de très-noble et très-ingénieux messire Luc (à rebours), seigneur de la Chaise et autres lieux memement, de ses descendans et autres personnages de lui issus; ouvrage très-utile, disposé dans l'ordre des lettres K, P, Q, trad. du prussien et enrichi de notes très-congruantes au sujet, par trois savants en us. *Scatopolis, chez les marchands d'aniterges, l'année scatogène 5850, in-8*, dos et coinsmaroq. La Vall., *fers emblématiques. (Rel. de Chi-pot.)*

Exemplaire relié sur brochure.

1493. Dictionnaire de bibliologie catholique, par G. Brunet (de Bordeaux). *Paris, Migne*, 1860, gr. in-8 à 2 vol., dem.-rel.

1494. Catalogue des écrits, gravures et dessins condamnés depuis 1814 jusqu'au 1er janv. 1850, suivi de la liste des individus condamnés pour délits de presse. *Paris*, 1850, in-12, dem.-rel., mar. br.

SUPPLÉMENT.

1495. Ordonnances de Louis XIV sur le fait des eaux et forêts. *Paris*, 1673.—Instruction pour la réformation et conservation des eaux et forêts. *Paris*, 1681; ens. 2 vol. in-12, v. m.

1496. L'alphabet de la mort de Hans Holbein, entouré de bordures du XVIe s., publ. par A. de Montaiglon. *Paris*, 1856, in-8, cart.

1497. La grande danse macabre des hommes et des femmes. *A Troyes, chez J. A. Garnier, s. d. (vers 1730)*, in-4, dem.-rel.. d. et c. de mar. v., n. rog. *(Capé.)*

1498. L'homme de René Descartes et la formation du fœtus, avec les remarques de L. de La Forge. *Paris*, 1677, in-4, v. gr. *Figures.*

1499. Marsilii Ficini liber de vita, in tres libros divisus : primus de vita sana; secundus de vita longa; tertius de vita cœlitus cōpararanda. 1489, in-4, n. rel.

1500. Histoire du lion de la ménagerie du Museum national d'histoire naturelle et de son chien, par C. Toscan. *Paris, an III*, in-8, dos et c. mar. orange, n. rog.

1501. Mémoire sur des cygnes qui chantent, par A. Mongez, 1783.—Des moyens à employer pour engraisser l'oie et le canard, par Comarmont, 1855.—Observations et expériences sur l'art d'empailler et de conserver les oiseaux, par Hénon; 1801; 3 br. in-8.

1502. Vinetum. In quo varia vitium, uvarum, vinorum, antiqua, latina, vulgariaque nomina, etc. In adolescentulorum gratiam ac favorem (a Carolo Stephano). *Parisiis, apud Franciscum Stephanum*, 1537, in-8, v. br.

Ce volume et le Térence de 1538 portent la marque de François, un cep de vigne dans un vase : ils sont peut-être les seuls.

1503. Henry Corneille Agrippa. De l'incertitude, vanité et abus des sciences; trad. en françois par Louys de Mayerne Turquet, Lyonnois. *Imp. l'an de grâce* 1630, pet. in-12, v. éc.

1504. Le grand propriétaire de toutes choses, très-utile et profitable,... translaté de lat. en françois par J. Corbichon. *Paris, L'Angelier,* 1556, in-f., 2 col. lettres rondes, rel.. *Fig. en bois.*

Titre raccommodé; mouillures.

1505. Les livres de Polydore Vérgile d'Urbin, des inventeurs des choses, trad. de latin en françois. *Lyon, B. Rigaud,* 1576, pet. in-12, vél.

1506. Essay des merveilles de nature et des plus nobles artifices, pièce très-nécessaire à tous ceux qui font profession d'éloquence, par René François. *Rouen,* 1624, in-4, v. fau.; fil., fers sur les plats, tr. dor. *Fig. en bois.*

C'est une espèce d'encyclopédie traitant notamment de la vénerie, de la chasse, de la fauconnerie, du blason, etc., etc.—Bel exemplaire relié par Petit.

1507. Essay des merveilles de nature et des plus nobles artifices, par René François. *Paris,* 1632, in-8, parch.

1508. Les faictz et dictz de feu, de bonne mémoire, maistre Jehan Molinet, contenans plusieurs beaulx traictez, oraisons et champs royaulx. *On les vend à Paris, en la rue Sainct-Jacques, à l'enseigne de l'éléphant, devant les Mathurins.* M. D.XXX. D. II., in-8, gothique.

Bel exemplaire relié en maroq. rou. du Levant, tr. dor. (*Fixon.*)

1509. Fables morales, tirées du royaume des animaux, pour servir à la correction des mœurs, et particulièrement à l'instruction de la jeunesse, publ. par Elias Ridinger, in-fol., cart. (*Pap, vergé.*) 16 *figures bien gravées.*

En allemand, latin et français.

1510. Les libres prêcheurs, devanciers de Luther et de Rabelais; étude historique, critique et anecdotique sûr les xive, xve et xvie siècle, par Ant. Meray. *Paris, Claudin*, 1860, in-18, maroq. vert, jans., tr. dor.

L'un des 5 exemplaires tirés sur papier de Chine.

1511. Le Rabelais réformé par les ministres, et nommément par P. du Moulin, ministre de Charenton, pour responce aux bouffonneries insérées en son livre de la Vocation des pasteurs (par le P. Garasse). *Toul*, 1624, in-8, dem.-rel.

1512. Nouveau mémoire p. s. à l'histoire des Cacouacs (par Moreau). *Amsterdam*, 1757—Catéchisme et décisions de cas de conscience à l'usage des Cacouacs avec un discours du patriarche. *Cacopolis*, 1758, en 1 vol. in-12, dem.-rel.

1513. Jean danse mieux que Pierre, Pierre danse mieux que Jean, ils dansent bien tous deux. *A Tétonville, chez Jean Patinet*, 1719, 2 vol. in-12, v. mar.

1514. Les enluminures du fameux almanach des R. P. Jésuites, intitulé la déroute et la confusion des jansénistes ou triomphe de Molina, jésuite, sur saint Augustin, avec l'onguant pour la brûlure ou le secret d'empescher aux jésuites de brûler les livres. *Liége*, 1683, in-12, *figures.*

1515. Confession de foi de messire François-Marie

Arouet de Voltaire, seigneur de Ferney, etc,, précédée de pièces qui y ont rapport. *S. l.*, 1769.—Dialogue des morts entre Voltaire et le duc de Bouking-
ham, 1766, en 1 vol. in-12, cart.

1516. Syntaxéon artis mirabilis. ..., authore Petro Gre-
gorio Tholozano. *Lugd.*, 1581, pet. in-8, dem.-rel.

1517. Philippique contre les octroyeurs et les brigueurs
de place, par un Français de 89 (Husson, ancien ban-
quier à Nancy). 1849, in-8, cart. *Portrait.*

1518. Le Décaméron françois, par d'Ussieux. *Paris,
Nyon*, 1783-84, 5 vol. in-8, v. rac. *Figures de Ca-
resme, Martini, Binet et autres.*

1519. La Flandre galante, cont. les conquêtes amoureuses de plusieurs officiers, et les aventures qui leur
sont arrivées. *Cologne (Elsevier), chez les héritiers de
P. Marteau*, 1709, pet. in-12, dem.-rel.

1520. Joannis Bocatii de genealogia deorum, libri
quindecim, cum annotat. J. Micylli; ejusd. de mon-
tium, sylvarum, fontium, etc. liber I. *Basilæ, apud
Hervagium*, 1532, *arbres généal.*—Polydori Vergilii
urbinates adagiorum, opus per autorem et diligenter
recognitum, etc. *Basilæ J. Frobinii*, 1525, en 1 vol.
in-4, dem.-rel.

1521. Historia de Antonio de Herrera, criado de Su Ma-
gestad, y su coronista mayor de las Indias, de los
successos de Francia, desde el año de 1585, que
començó la liga catolica hasta en fin del año 1594
(par Ch. Nuñez de Leon). *Madrid*, 1598, in-4, parch.
(*Mouill.*)

1522. Des divinités génératrices, ou du culte du phallus
chez les anciens et les modernes, par J. A. Dulaure.
Paris, 1805, in-8, dem.-rel.

1523. Almanach nouveau de l'an passé, ou l'Almanach
puce où l'on annonce les choses arrivées, et qui arri-
veront encore. *Genève*, 2 vol. pet. in-12, dem.-rel.
mar. vert.

1524. Le grand calendrier et compost des bergers, composé par le bergier de la grande Montaigne, auquel sont adjoustées plusieurs nouvelles figures et tables, lesquelles sont fort utiles et profitables à gens de tous estats. *Lyon, pour J. Didier, s. d.*, in-4, cart. *Figures.*

1525. Nouveau journal des connaissances utiles, encyclopédie mensuelle, publ. par J. Garnier et Hygin-Furcy. 8 vol. gr. in-8, en livr. *Nombreuses planches.*

AUTOGRAPHES.

1. AMOREUX (J.), né à Beaucaire, sav. natur. litt.
Lettre aut. sig. 1806, à M. Hazard.

2. AUDOUIN (J. Vict.), entomol. de l'Ac. des sc., n. 1797, m. 1841.
Lettre aut. sig. à Valenciennes.

3. BABINET, physicien.
Lettre aut. sig. 1840, à M. Goujon.

4. BLAINVILLE (Ducrotay de), naturaliste.
Billet aut. sig. 1827.

5. BONAPARTE (NAPOLÉON), premier consul.
Apostille de 3 lig. a. sig. an VIII. (Curieuse lettre.)

6. BOSC, naturaliste, m. de l'Institut.
Deux lettres aut. sig.

7. BUFFON (Georges-Louis-Leclerc comte de).
Billet aut., 5 lig. à l'abbé d'Anjou, ce 16 mai 1779.

8. BUGEAUD, le maréchal duc d'Isly.
Lettre aut. sig. à M. le maréchal ... Alger, 29 juillet 1842.

9. CANDOLLE (de), naturaliste.
Note aut. sig. (1808.)

10. CHAMBRAY (général, marquis de).
Lettre aut. sig. à Aimé-Martin, 2 pag. in4, 28 janv. 1841.

11. CONGRÈS DE RASTADT.

Laisser-passer, sig. des trois ministres plénipotentiaires de S. M. le roi de Prusse, avec leurs cachets (23 avril 1799).

12. CUBIÈRES, naturaliste.

L. aut. sig., et une note de 3 p. catalogue de graines d'Amérique.

13. CUVIER (G. F.), sav. natural., membre de l'Institut, n. 1773, m. 1838.

Lettre aut. sig. et 5 autres lettres ou p. non sig.

14. DESFONTAINES, naturaliste.

Lettre aut. sig. an II, t. impr.

15. DROUOT (Ant. comte), né à Nancy, lieut. gén.

Lettre aut. sig. Madrid, 7 mai 1808.

16. DUHAMEL DU MONCEAU, agronome et savant.

Lettre aut. sig. 14 mai 1771.

17. DUPONT DE NEMOURS, agronome, publ., etc.

Lettre aut. sig. 3 pluv. an XIII.

18. DU PORT, ministre de la just.

Lettre aut. sig. 1 p. in-f., 8 mai 1791.
Au sujet des déprédations qui se commettent dans le parc et dans les bois dépendant du château de Chambord.

19. FAUJAS DE SAINT-FOND, géologue, n. 1750, m. 1819.

Lettre aut. sig. à M. Bellanger, archit., 2 p. in-4.

20. FLOURENS (P.), né à Béziers, méd., physiol., m. de l'Institut.

Lettre aut. sig.

21. FONTAINEBLEAU (Forêt de).

1° Projet de plantations dans les terrains naturellement vides de la forêt de Fontainebleau. Manuscrit de 10 pages in-fol.—2° Trois lettres aut. et aut. sig., adressés à M. Delaporte, intendant de la liste civile, sur le sujet qui précède, et sur les mesures à prendre pour arrêter le cours des dévastations de la forêt de Fontainebleau. Fontainebleau, 11 février, 15 et 16 oct. 1791. Ens. 29 p. in-fol.—3° L. sig., du même au même. *Paris*, 27 janv. 1792, 2 p. in-fol., sur le même sujet.

22. FOUDRAS (le marquis de), célèbre romancier.

Lettre aut. sig.

23. FRANÇOIS DE NEUFCHATEAU, poëte, député, ministre, etc.

Lettre aut. sig. (Belle et intéressante p.)

24. GEOFFROY SAINT-HILAIRE (J.), géologiste,
L. aut. sig.

25. GROUCHY (le Comte de).
Lettre aut. sig.

26. GUION DE SAINT-VICTOR, agriculteur.
Lettre aut. sig., 2 p. in-4, 1835.

27. HASSENFRATZ, de l'Acad. des sciences.
6 pages in-fol, aut. sig. (sur les coul. complémentaires), avec la sig.
de Delambre, 25 germ. an XIII.

28. HUMBOLDT (Alex. de), savant illustre.
Lettre aut. sig. à M. Ampère, 1831.

29. HUZARD, m. de l'Institut.
Lettre aut. sig. an VII.

30. JAUME SAINT-HILAIRE, naturaliste.
Lettre aut. sig. (1836).

31. JAUME SAINT-HILAIRE, savant botaniste et sylvi-
culteur.
Manuscrit aut. « Mémoire sur le domaine forestier de Rambouillet. »
18 pages in-f.

32. JUSSIEU (A. L.), botaniste.
Lettre aut. sig. an II.

32 bis. JUSSIEU (Ad.), botaniste.
Lettre aut. sig. 1824.

33. LACÉPÈDE (le comte de), naturaliste, né à Agen.
Lettre aut. sig. 1822.

34. LAMARCK, naturaliste.
Lettre aut. sig. à M. de Champagny, ministre de l'intérieur, 28 janv.
1807. 1 p. in-4.

35. LA MÉTHERIE (de), physicien.
Lettre aut. sig., 2 p. in-4.

36. LAPÉROUSE (Picot), savant recteur de l'Acad. de
Toulouse.
Lettre aut., 2 pages in-4.

37. LATREILLE (P. A.), entomologiste.
Deux lettres aut. sig. 1827, 1832.

38. LECOMTE (Pierre), le régicide.
Reçu aut. sig. 27 mai 1846.

39. LÉOPOLD, duc de Lorraine.
Parchemin sig. 23 déc. 1700.

40. LOISELEUR DESLONGHAMPS, naturaliste.
Lettre aut. sig. à M. Pitois, libraire.

41. LOUIS XIV, roi de France.
Lettres d'honneur conférées à Ant. Ferrand, lieut. particul. civil, assesseur criminel au Châtelet de Paris.
Parchemin sig. Louis XIV, contre-sig. Colbert, 6 mai 1676.

42. LOUIS XV, contre-s. Choiseul.
Lettre de permission de posséder fief au comte de Bourgogne, pour le sieur Nicolas Perchet. 1765.—Grande page en parch.

43. MICHAUD (F. A.), célèbre naturaliste, voyageur.
L. aut. sig., 3 p. in-4, 6 sept. 1831.

44. MIRBEL (Brisseau), de l'Institut.
Lettre aut. sig., Malmaison, 24 mess. an XII.

45. MONGÈS, physicien et naturaliste, mort avec Lapérouse, 1788.
L. aut. sig. Lyon, 1779, 3 p. in-4.

46. MOREAU DE JONNÈS, statisticien.
Lettre aut. sig. 1810.

47. MORICIÈRE (le général de La).
L. aut. sig. 2 p. in-8. Bruxelles, 17 oct. 1854.

48. PARMENTIER, célèbre agronome.
Rapport aut. sig. 3 p. in-4, 24 nov. 1787.

49. PETIT THOUARS (le chev. Aubert du), directeur de la pépinière du Roi).
L. aut. sig. 2 p. in-4, 6 juin 1818.

50. QUATRÈMÈRE DISJONVAL (Denis-Bernard), helléniste, botaniste, etc., n. 1751, m. 1830.
Mémoire sur de novvelles possibilités en approvisionnements de bois précieux, et en moyens d'attaque pour le port d'Anvers. 9 p. in-fol., aut. sig. Anvers, oct. 1809.

51. RASPAIL (Fr.), chimiste.
Lettre aut. sig. 7 janvier 1830.

52. RAUCH, naturaliste.
L. aut. sig. 1 pag.

53. ROZIER (Jean), auteur du Cours d'agriculture, né à Lyon.
L. aut. sig. 2 p. in-4.

54. **SONNINI**, naturaliste, n. 1751, m. 1812.
Billet aut. sig. An II, et lettre aut. sig. 1790.

55. **SOULANGE-BODIN**, agronome, né en Touraine.
Lettre aut. sig. 2 p. in-4.

56. **THIÉBAUT DE BERNEAUD**, agronome.
Lettre aut. sig. 12 janvier 1820.

57. **THOUIN (A.)**, horticulteur.
Lettre aut. sig. 1787.

PARIS.— IMPRIMÉ CHEZ BONAVENTURE ET DUCESSOIS,
55, QUAI DES AUGUSTINS.

TABLE DES DIVISIONS.

BIBLIOGRAPHIE.

www.ingramcontent.com/pod-product-compliance
Ingram Content Group UK Ltd.
Pitfield, Milton Keynes, MK11 3LW, UK
UKHW021052230726
13926UKWH00004B/1801